50 PROBLÈMES & SOLUTIONS

Frédéric **Augendre** - Jean-Louis **Guéry** - Jean-Yves **Bequignon**
Patrick **Moreau** - Pierre-Marie **Bourguinat** - Jean-Baptiste **Ternon**

VOILES et voiliers LIVRES

FRÉDÉRIC AUGENDRE

1 MANŒUVRES & CONDUITE

Tout le monde sur le pont

FRÉDÉRIC AUGENDRE

2 VOILES & GRÉEMENT

Faire route

3 COQUE & APPARAUX

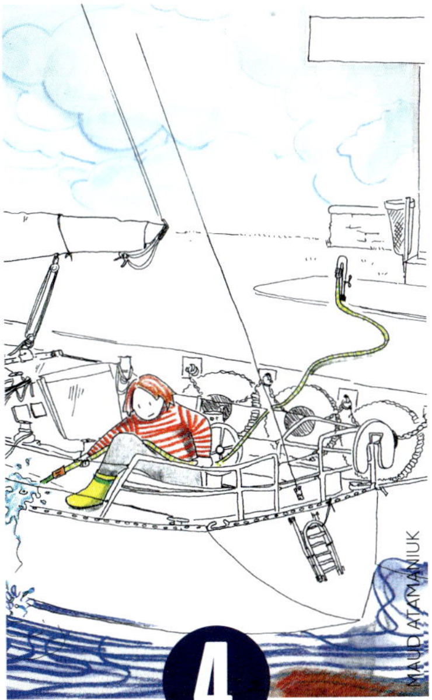

4 ÉNERGIE & PROPULSION

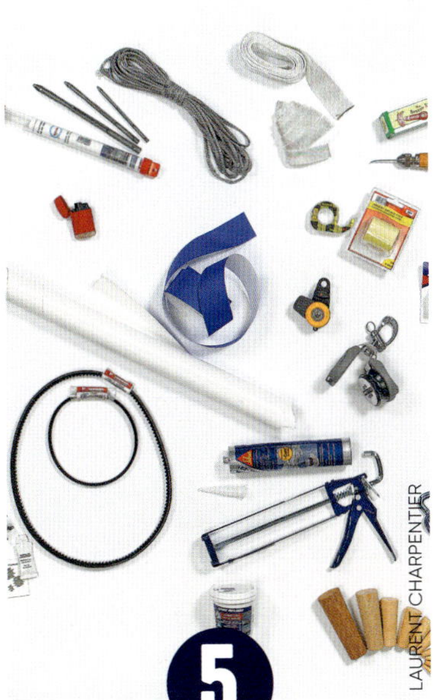

5 LES ESSENTIELS

HARKEN

1

MANŒUVRES & CONDUITE

Tout le monde sur le pont

Par Jean-Yves Béquignon, Jean-Louis Guéry, Pierre-Marie Bourguinat et Frédéric Augendre.

FRÉDÉRIC AUGENDRE

Bateau bien réglé, manœuvres bien rangées, la barre est équilibrée et ce n'est que du bonheur à bord.

Tout le monde sur le pont

Des quatre chapitres de cet ouvrage de *Voiles et Voiliers* consacré aux problèmes survenant à bord, c'est celui-ci le plus volumineux, et cela n'a rien de surprenant. C'est sur le pont que nous passons l'essentiel de notre temps en navigation, qu'il s'agisse de manœuvrer à la voile ou au moteur, de régler nos voiles ou d'affiner les réglages du pilote automatique. Même un équipage expérimenté n'est pas à l'abri des petits ennuis sous voiles, qu'il s'agisse d'un winch qui surpatte ou d'une écoute de foc qui lâche, ni des mauvaises surprises comme l'échouement ou le mouillage qui chasse. Il y a des situations types qui réclament des réponses adaptées et sans délai, comme le départ au lof ou le coquetier sous spi. Et des cas d'école récurrents dans les manœuvres de port, lorsque le vent traversier nous complique la tâche. Les pages qui suivent sont aussi l'occasion de réviser un grand classique comme la cape courante, et de pointer quelques astuces comme la façon de prendre un coffre par l'arrière sans gaffe, l'utilisation d'une manivelle de winch pour décupler sa force, ou l'utilisation de l'annexe et de son hors-bord pour le remorquage par beau temps. Tous savoir-faire méritant d'être connus et révisés, non seulement pour faire face aux imprévus et aux moments difficiles, mais aussi pour le plaisir de manœuvrer rondement lorsque tout va bien.

1 Une manœuvre **surpatte**

Bloqué. Sur le winch, les tours du bas sont venus mordre sur les tours du haut, le cordage a « surpatté », il est irrémédiablement coincé, impossible à choquer ou à border, ne serait-ce que d'un centimètre. Dans le cas (très rare) où les doigts de l'équipier sont pris dans le winch, il faut couper l'écoute ou la drisse sans tarder. Même réflexe si la situation – une route de collision par exemple – impose de manœuvrer rapidement. Lorsque rien ne presse, on va pouvoir s'organiser posément pour redonner du mou au cordage surpatté et le libérer du winch.

Les causes

Le surpattage intervient typiquement sur l'écoute de foc dans un virement, quand on a embraqué à la volée avec plus de deux tours sur le winch. Il ne faut garnir la poupée de winch avec des tours supplémentaires qu'une fois tout le mou avalé et l'écoute sous tension.
L'intervention d'un équipier sur une écoute ou une drisse entre la poulie de renvoi et le winch conduit neuf fois sur dix à surpatter. On peut donner la main en amont du filoir mais jamais entre le filoir et le winch.
Une poulie de renvoi mal placée, ou l'absence de poulie de renvoi, crée un risque de surpattage : l'écoute doit arriver au winch depuis le bas ; attention, dans les manœuvres de port, à la tentation de reprendre une aussière au winch sans avoir pris la précaution de passer le cordage dans le chaumard ou une poulie volante.

Le remède

Comme toujours en bateau, inutile de forcer. Puisque c'est la tension du cordage qui bloque le winch, il va falloir la transférer sur un autre bout. Pour une écoute de foc, on va frapper sur la voile une écoute volante (dite aussi « écoute de manœuvre » ou « short sheet »), que l'on bordera jusqu'à mollir l'écoute initiale. A défaut d'écoute de manœuvre, dépasser la contre-écoute au vent, la mettre en place sous le vent sans la débrancher du foc, et procéder comme précédemment.

Et dans les autres cas...

Le gros temps rend dangereux les déplacements sur la plage avant ? Ce n'est pas l'écoute de foc qui a surpatté, mais une drisse, une aussière, ou tout autre cordage ? Il va falloir « bosser », manœuvre consistant à frapper sur le cordage une bosse au moyen d'un nœud autobloquant sur lequel on pourra tirer.
Plus simple et fonctionnel que le classique nœud de bosse de la vieille marine, le nœud de Machard avec nœud de chaise consiste à réaliser plusieurs tours autour du cordage avec la bosse, avant de fermer le dispositif par un nœud de chaise. Autre système redoutablement efficace, le nœud de Machard avec anneau de cordelette directement inspiré de l'alpinisme. La boucle de cordelette fait plusieurs tours sur le cordage avant de repasser dans elle-même.

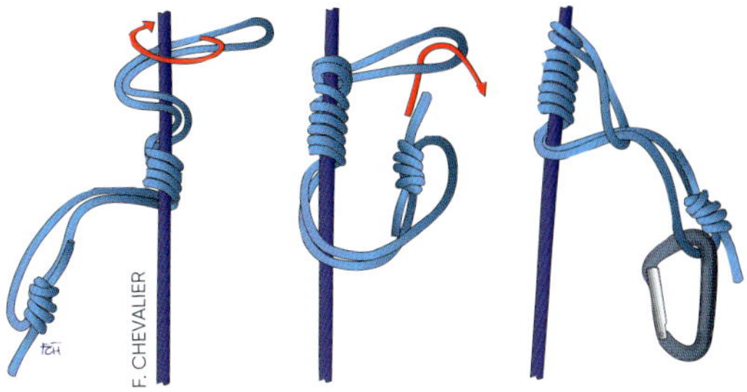

Une boucle de cordelette, et voilà un autobloquant très simple et extrêmement efficace, emprunté au monde de la montagne. Grâce au mousqueton à ouverture rapide, on va pouvoir frapper rapidement une bosse et utiliser cet autobloquant partout : sur une drisse, une écoute, une aussière.

À FAIRE

Bosser avec un cordage de diamètre inférieur à celui sur lequel on vient bosser : plus la différence de section est importante entre les deux cordages, mieux ça bloque.
Se créer des boucles de cordelette de 7 millimètres (résistance 1,2 tonne) fermées par des doubles nœuds de pêcheur.
Avoir à bord un palan à tout faire.

À NE PAS FAIRE

Aider l'embraqueur en tirant sur une manœuvre en amont du winch : c'est le plus sûr moyen de surpatter.
Essayer de débloquer les tours surpattés avec les doigts.

Méthodes pour débloquer le winch

L'écoute a surpatté. Le premier tour qui devrait être en bas du tambour du winch est remonté en haut et vient mordre sur les autres.

FRÉDERIC AUGENDRE

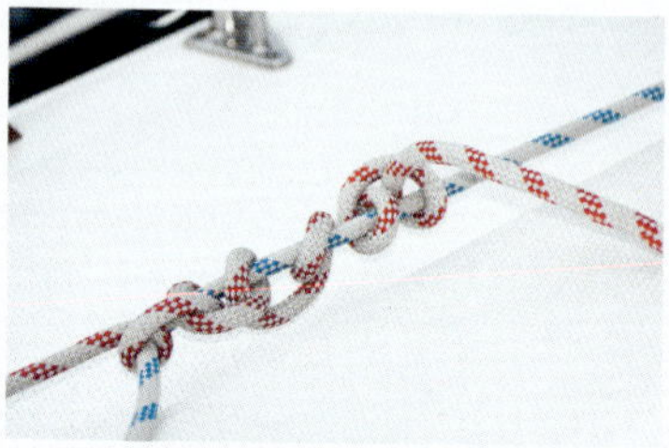

Demi-clés (1). Variante du nœud de bosse, une série de demi-clés bloque la bosse (rouge) sur l'écoute de génois (bleue).

PHOTOS JEAN-LOUIS GUÉRY

Demi-clés (2). Ici, le bras de spi sert de bosse. L'équipier tient à la main son extrémité tout en la mettant sous tension au winch, car les demi-clés ont tendance à glisser, les deux cordages étant de même diamètre.

Pas de deuxième winch à portée immédiate...

Le renvoi via une poulie à un winch éloigné n'est pas toujours possible : winches bloqués par d'autres manœuvres, angles de renvoi incohérents ou frottements sur l'hiloire, les bancs de cockpit ou le rouf... L'alternative consiste à frapper un palan sur n'importe quel point fixe. Sur les croiseurs des Glénans, le palan d'homme à la mer placé en permanence dans le balcon arrière est tout désigné dans ce cas de figure.

2 L'écoute de foc **a lâché**

Et pam, l'écoute de foc a lâché, la voile faseye ou bat violemment. La rupture du cordage est rare, on l'aurait vu venir, c'est plutôt le nœud de chaise au point d'écoute qui a glissé, parce qu'on l'avait mal souqué et/ou que la queue était trop courte.

JEAN-YVES BÉQUIGNON

Dans la confection du nœud de chaise au point d'écoute, prévoir une queue suffisamment longue pour prévenir tout glissement.

Premiers réflexes

D'abord, soulager l'écoute de grand-voile, histoire de conserver un équilibre de barre malgré une voile d'avant qui ne porte plus. Puis analyser : a-t-on de la place pour évoluer, navigue-t-on sur un bord obligatoire, peut-on virer ou empanner ?

La mauvaise idée

Se précipiter à l'avant pour essayer de refixer l'écoute. C'est mission impossible, et un point d'écoute qui fouette peut faire très mal.

Ce qui est tentant

Rouler le génois n'est pas forcément la meilleure solution, le point d'écoute va monter dans l'enroulement, au risque de devenir difficile à atteindre. Avec un foc endraillé, on pourra éventuellement affaler. Mais si on a de l'eau à courir, il y a beaucoup mieux à faire : la bonne solution consiste à reprendre le foc sur la contre-écoute, et une fois la voile maîtrisée, refaire tranquillement son nœud de chaise.

Les options

Virer de bord. Envisageable sur eau plate, plus aléatoire par mer formée, le bateau privé de vitesse risquant de manquer à virer.

Empanner. A tenter par temps maniable. Par gros temps, l'empannage ne va pas sans risque. Attention au rayon d'évolution, l'empannage requiert plus de place que le virement.

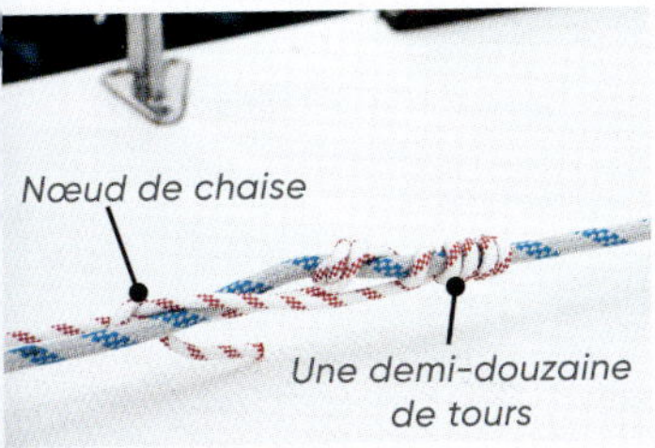

Nœud de Machard terminé par un nœud de chaise. Réaliser une bonne demi-douzaine de tours, puis ramener la bosse sur elle-même avec un nœud de chaise. Simple et efficace.

La poignée d'étarquage Karver. C'est un équipement très utile dans ces situations. Ses dimensions (cordage de 10 millimètres maximum) et sa résistance (220 kilos à la rupture) la limitent aux petits croiseurs. Elle s'est avérée rapide et efficace pour bosser une manœuvre.

Faute de winch disponible, un palan fait aussi parfaitement l'affaire.

Forcer la cape. En bordant la contre-écoute, on va amener le point d'écoute au vent. Simultanément, pousser la barre sous le vent pour compenser l'abattée induite par le foc prenant à contre. Le bateau se retrouvant ainsi stabilisé à la cape courante (1), on pourra aller repasser son écoute.

L'arbitrage entre ces trois options dépendra des circonstances du moment, de la force du vent et de l'état de la mer, de la place disponible pour les évolutions du bateau et des caractéristiques de ce dernier.

3 Le manque **à virer**

Caramba, raté. Le bateau refuse de virer, se bloque dans le lit du vent, est incapable de basculer sur l'amure désirée et retombe, privé de vitesse, du mauvais côté. Avec un peu de chance, l'incident se produit au vent des cailloux, les tentatives de virement s'enchaînent, toutes aussi ratées. Le danger se rapproche, il va pourtant falloir reprendre les choses dans l'ordre et procéder calmement pour réussir, enfin, ce fameux virement.

Pourquoi ça rate ?

Plusieurs erreurs ou difficultés particulières peuvent être à l'origine d'un manque à virer, et le risque de rater sa manœuvre sera d'autant plus grand que l'on en cumule plusieurs.

LAURENT CHARPENTIER

Le bateau plante dans la vague en franchissant le lit du vent, il va falloir songer à garder le foc à contre.

Manque de vitesse. Franchir le lit du vent, voire celui des vagues lorsque celles-ci sont formées, réclame de l'élan. Avec un bateau mal réglé ou sous-toilé, on court aux difficultés.

On a choqué trop tôt. L'écoute de foc ne doit pas être larguée au moment où le barreur annonce son virement, ni même lorsqu'il pousse la barre. Il faut conserver la voile d'avant bordée jusqu'à ce qu'elle dévente, c'est-à-dire jusqu'à ce que sa courbure s'inverse, pour profiter le plus longtemps possible de sa force propulsive.

On est parti de trop bas. Virer à la volée en poussant la barre en grand depuis une allure très abattue, cela ne marche que par mer plate. Par mer formée, on va se compliquer la tâche même en s'élançant du vent de travers ou du bon plein. Il faut d'abord lofer progressivement en bordant ses voiles au fur et à mesure puis, une fois au près, engager l'action de virer proprement dite.

On est parti de trop haut. Au-dessus du près serré, voiles à demi déventées, on manque de puissance.

On a viré dans le creux de la vague. Par mer formée, le voilier a beaucoup de mal à virer en remontant la pente d'une grosse vague, alors qu'il ralentit. Le meilleur instant est au sommet de la vague : posé sur son centre de carène, étrave et cul dégagés de l'eau, le bateau pivote d'autant mieux.

Le bateau n'est pas dans son assiette. Excessivement chargé de l'arrière, le voilier a un comportement « mou » lui donnant tendance à abattre plutôt que lofer. Le phénomène pourra être très sensible sur un petit croiseur dont tout l'équipage s'entasserait à l'arrière du cockpit.

Peut-on encore s'en sortir ?

Bateau bloqué bout au vent, rien n'est encore définitivement perdu. Premier réflexe, reborder l'écoute de foc : en prenant à contre, la voile va aider à pivoter. Si la vitesse devient nulle, remettre la barre dans l'axe, attendre patiemment que le voilier commence à reculer, et inverser la barre. Lorsque le bateau tombe enfin sous la bonne amure, passer le foc, remettre la barre dans l'axe, et ne chercher à abattre que lorsqu'on commence à se relancer. Attention, mettre de la barre alors que l'on n'est pas encore relancé conduirait à retourner dans le lit du vent ! Et comme on est sorti de ce virement sans vitesse, il va falloir se relancer bas : penser à ouvrir la grand-voile, pour permettre au bateau d'abattre sous sa nouvelle allure.

Et si on est retombé sous l'amure initiale…

Vouloir tenter aussi sec un nouveau virement conduirait irrémédiablement à un nouvel échec. En premier lieu, relancer le bateau au bon plein. Une fois la vitesse retrouvée, lofer jusqu'au près en bordant. Puis virer proprement, c'est-à-dire au sommet de la prochaine vague, et en conservant le foc gonflé jusqu'au dernier moment.

DOMINIQUE LÉRAULT

Largeur importante, faible inertie, dans la brise le manque à virer menace les petits multicoques lorsque le barreur part de trop bas ou que l'équipier choque trop tôt.

4 Mauvais temps, avarie, **besoin de souffler...**

PHOTOS LAURENT CHARPENTIER

Dérives relevées pour éviter l'effet de croche-pied, ce catamaran laisse passer l'épisode de mauvais temps.

Allure défensive par excellence dans le gros temps, la cape courante est aussi un excellent moyen de faire face à une foule de problèmes.

→ J'ai un doute sur ma navigation et je veux casser ma vitesse sans abîmer mes voiles.
→ J'arrive trop tôt dans un port à marée.
→ J'arrive de nuit dans un port que je ne connais pas et je préfère attendre le jour.
→ Il y a trop de vent pour rejoindre la côte.
→ J'attends un voilier ami.
→ Je dois bricoler à l'intérieur, ou préparer un repas et je souhaite stabiliser le bateau.
→ Je veux donner un répit à des équipiers malades.
→ Dans le mauvais temps, il faut faire le dos rond.

Bref, j'ai besoin d'attendre ou de calmer le jeu mais je veux rester manœuvrant. La solution consiste à prendre la cape, allure dans laquelle le voilier avance à petite vitesse en dérivant lentement, avec le vent sur l'avant du travers. Les voiles faseyent peu et ne s'usent pas, et il est facile de remettre en route. En dérivant, le voilier lisse la mer à son vent et les mouvements s'amortissent. La cape courante (par différence avec la cape sèche toutes voiles affalées) se prend aussi bien voilure haute qu'arisée. Initialement, c'était surtout une manœuvre de mauvais temps.

Comment prendre la cape ?

Le plus simple est de virer de bord sans toucher à l'écoute de foc et, une fois le foc à contre, de pousser la barre sous le vent pour contrer l'abattée. Le foc à contre fait abattre et culer, en jouant sur la barre et la grand-voile, on va neutraliser cette tendance.

Pour que la barre soit efficace, il faut un peu d'erre, la vitesse est régulée en choquant plus ou moins l'écoute de grand-voile. La grand-voile fait lofer, il faut tâtonner pour trouver le bon réglage de telle sorte que les actions conjuguées du foc à contre, de la barre sous le vent et de la grand-voile plus ou moins gonflée s'annulent. L'allure de cape est propre à chaque bateau, elle est fonction de sa carène, de ses appendices et de son gréement.

Si le virement est impossible ou interdit (faute d'eau à courir sous l'autre amure), on force la cape en bordant le foc au vent tout en choquant la grand-voile et en poussant la barre sous le vent. C'est plus physique que le virement, l'écoute au vent puis le foc lui-même raguant sur les haubans.

Avec les voiliers modernes

Autant les voiliers classiques à déplacement lourd et quille longue manquent facilement à virer, autant ils tiennent très bien la cape! En revanche, les déplacements légers modernes équipés d'un voile de quille étroit et profond ont tendance à faire la toupie. Prendre la cape, et la tenir, réclame juste un peu plus de douceur et de doigté.

→ Casser la vitesse en venant progressivement bout au vent.
→ Envoyer le virement doucement en gardant le foc à contre.
→ Mettre la barre dessous et régler l'écoute de grand-voile.
→ Une fois la cape établie, continuer à réguler à la grand-voile si nécessaire.

A la cape, le voilier bouchonne et la mer à son vent s'aplatit.

Faire servir

On l'a un peu oubliée mais c'est l'expression maritime qui signifie remettre en route à partir de la cape. Il suffit de redresser la barre, de filer le foc et de le reprendre sous le vent, et de régler la grand-voile. Si l'on préfère repartir sous l'autre amure, l'alternative consiste à mettre la barre au vent en gardant le foc à contre, jusqu'à empanner et lofer sur l'autre bord : on aura ainsi remis en route sans toucher aux écoutes. Ne pas perdre de vue qu'au-delà de certaines conditions de mer et/ou de vent, l'empannage n'est pas dépourvu de risque, et il vaut mieux se cantonner à la première méthode lorsque les circonstances l'exigent. Attention, la tension dans l'écoute est forte. Choquer progressivement.

5 Le bateau est **intenable au près**

Le vent est monté, assez brusquement sans doute. A moins que vous ne vous soyez laissé griser tout à l'heure au portant. Toujours est-il que le liston plonge sérieusement dans l'eau. Et vous avez cette désagréable sensation de ne plus tenir le bateau qui, selon l'expression consacrée (et très réaliste), « passe sur sa barre ».
Avant de réduire la toile, il faut l'adapter au nouveau vent pour remettre le bateau à plat. Voici quatre actions qui vont y contribuer. Elles supposent que le bateau soit correctement accastillé.
Reprendre les tensions de drisse (grand-voile et génois) et de bordure.
Choquer du chariot de grand-voile.
Reculer le point de tire du génois.

FRÉDÉRIC AUGENDRE

Gîte excessive, safran braqué au point de générer un remous dans le sillage, il est temps de soulager le bateau.

Choquer de l'écoute et reprendre du hale-bas.
Reprendre autant que possible le pataras.
Tous ces réglages peuvent être réalisés par un seul équipier pendant que les autres restent au rappel, ou tout du moins assis au vent dans le cockpit ou sur l'hiloire. Même si l'on n'est pas en course, le poids de l'équipage compte beaucoup dans l'assiette du bateau. Toujours se rappeler que la position d'un équipier n'est jamais neutre. S'il ne contribue pas au rappel, alors c'est qu'il contribue à faire gîter le bateau !
Une fois bien réglé, le barreur gère sa trajectoire et accompagne les surventes en lofant pendant que l'équipier soulage si nécessaire à l'écoute de grand-voile. Si le bateau continue de gîter excessivement, il est alors temps de réduire...

6 Le bateau est **instable au portant...**

Attention, il y a portant et portant... Premier cas de figure : vous naviguez dans la brise entre 90 et 120 degrés du vent réel. Si le bateau est intenable, cela se manifeste comme au près et les remèdes sont les mêmes. On décharge de la puissance, on ouvre les chutes, on cherche à remettre le bateau à plat en maximisant le rappel. Si besoin, on réduit en commençant plutôt par la grand-voile ce qui va avoir tendance à avancer le centre de voilure et à réduire la tendance du bateau à partir au lof.
Deuxième cas de figure : toujours dans la brise, vous naviguez plus proche du vent arrière, à cette allure de glisse généralement appelée le « grand largue ». Il y a de la mer et le bateau est instable de route. Ce n'est pas qu'il gîte, c'est qu'il roule et part en lacets. Que faire ?
Barre : éviter de trop se rapprocher du vent arrière.

GILLES MARTIN-RAGET

Instable, le spi emmène le bateau à la contre-gîte. Il va falloir lofer, ou brasser le tangon.

Equipage : se reculer et s'asseoir sur les bancs de cockpit plutôt que sur le pont pour abaisser le centre de gravité.
Réglages : à l'opposé du cas précédent, on va essayer de réduire le vrillage des voiles qui a tendance à accroître la tendance au roulis.
Grand-voile : conserver de bonnes tensions de bordure et chute, et border le hale-bas, en le conservant à la main, prêt à choquer si le bateau part au lof.
Spi : laisser monter le tangon et brasser. Reprendre le barber-hauler sous le vent pour fermer la chute et stabiliser la voile.
Si tout ça ne suffit pas, on adopte une combinaison de voilure plus conservatrice mais très efficace : réduction de la grand-voile, ce qui avance et abaisse le centre de voilure. Suppression du spi remplacé par le génois tangonné porté en ciseau. En débrassant un peu le tangon, on peut lofer jusqu'à 150 degrés du vent apparent. En brassant, se rapprocher du plein vent arrière est aussi beaucoup plus sécurisant.

7 Le **pilote** ne tient pas la route

FRÉDÉRIC AUGENDRE

Quand le pilote va, tout va. Et si en plus les dauphins vous rendent visite...

Le pilote automatique déraille ? De deux choses l'une : ou son comportement est franchement incohérent, et il va falloir s'attaquer au problème à la source, ou il a juste du mal à tenir la consigne assignée, et il est temps d'ajuster quelques réglages, non seulement du pilote... mais aussi du bateau.

Le compas est-il bien compensé ?

S'il s'avère totalement impossible de confier le voilier au pilote en mode compas, il faut se poser la question de la réinitialisation du système. A leur mise en service, les compas électroniques « fluxgate » auxquels sont asservis les pilotes doivent être soumis à une procédure d'auto-compensation consistant généralement à effectuer plusieurs cercles au moteur, à petite vitesse. Si cette opération a été négligée ou réalisée dans de mauvaises conditions, il va falloir la reprendre à zéro.
Attention, aussi, à ne pas coller les conserves du bord ou la caisse à outils près de la sonde fluxgate, qui doit rester éloignée des masses métalliques. Lorsqu'on se pose la question de la fiabilité du compas, et dans l'attente du moment favorable pour une nouvelle compensation, on pourra naviguer en mode waypoint, pourvu que le pilote soit bien raccordé au GPS. Dernière piste, lorsque le pilote perd les pédales : s'assurer de l'intégrité du capteur d'angle branché sur le secteur de barre; s'il est défaillant ou déconnecté, le calculateur du pilote manque d'une information décisive.

Les réglages sont-ils adaptés ?

Le premier service à rendre au pilote est de lui confier un bateau équilibré, facile, en adaptant la surface de voilure et les réglages. Ne lui passer la main qu'une fois le voilier stable et en ligne sur sa route : déclencher le pilote en pleine embardée ne mène à rien de bon. Dans la plupart des situations, les pilotes récents s'en sortent très bien avec tous les réglages sur « Auto », mais dans les conditions particulières de mer ou de vent, il faut savoir intervenir sur les différents paramètres.
Le gain. C'est le niveau de réponse du pilote. Faible, il conduit à un pilotage souple. Si le cap oscille trop autour de la consigne, il faut augmenter le gain. Pas d'excès, un gain trop élevé conduirait à un pilotage brutal, voire sinueux.
La contre-barre. Lorsque vous changez de direction, vous ramenez la barre dans l'axe ou même au-delà, pour contrer l'inertie du bateau. La contre-barre du pilote reproduit ce principe. Lors d'un changement de cap, un niveau trop élevé de contre-barre conduit à une réponse du pilote lente et progressive, par tâtonnements. Avec une contre-barre trop faible, le pilote réagit de manière excessive, comme s'il dépassait le nouveau cap assigné avant de se raviser.

Le coefficient de barre. Il consiste à réduire l'amplitude des mouvements de barre lorsque la vitesse augmente. Il faut savoir à l'occasion le modifier, pour autoriser un pilotage plus « agressif ».

Les filtres. Trop d'infos tuent l'info, dans les conditions perturbées il ne faut pas hésiter à « lisser » les données de la girouette et du compas, de façon à fournir au pilote une information moyenne plus stable.

Est-ce le bon mode ?

Si le mode compas (ou waypoint) convient à la plupart des situations, le mode vent apparent est beaucoup plus performant aux allures de près, dans la mesure où il permet au pilote d'exploiter toutes les variations de vent. Il est en revanche beaucoup moins adapté aux allures portantes, où le vent apparent varie à chaque accélération du bateau. Du vent arrière au grand largue, c'est le mode vent réel qui s'impose, ou à défaut le mode compas.

8 Nous voilà **partis au lof**

FRÉDÉRIC AUGENDRE

Le spi faseye, la grand-voile s'est vidée, mais la bôme est dans l'eau. Si le bateau ne revient pas,il va falloir larguer la drisse. Et surtout pas le bras de tangon.

Le barreur naviguait un peu haut depuis un moment, ou bien la risée sentie dans l'oreille s'est avérée plus forte et refusante qu'imaginé, bref on est « au tas » ! C'est un peu plus impressionnant sous spi symétrique (notamment à cause de la proximité du tangon et de l'étai) mais ça arrive aussi sous asymétrique. Lorsque le barreur sent qu'il ne rattrapera pas le bateau, il peut crier hale-bas pour libérer la grand-voile (elle se vide par le haut) si l'équipier n'y a pas déjà pensé. Pour accroître ses chances de redresser le bateau, l'écoute de spi a bien sûr été choquée, le plus tôt possible. Le barreur ne s'arc-boute pas sur sa barre mais procède par à-coups répétés afin de « recoller » les filets d'eau sur la pelle : un safran trop braqué décroche et n'a plus d'effet…

Mais, parfois, tout ça ne suffit pas. Le bateau refuse de se redresser et il faut se résoudre à affaler le spi qui claque en furie… Ce qu'il ne faut alors absolument pas faire, c'est choquer le bras (ou le bout d'amure sur un asymétrique). La méthode habituelle consistant à ramener toute la bordure avant de choquer la drisse est à réserver aux affalages « classiques », aux allures proches du vent arrière. Lorsque le bateau est parti au lof, larguer le point d'amure en premier conduit quasi systématiquement à transformer le spi en chalut. Prendre plutôt le temps de mettre au clair la drisse avant de la laisser filer en grand. Spi en drapeau au ras de l'eau, le bateau se redresse instantanément, ce qui permet aux équipiers de passer sous le vent récupérer le tissu. Une fois la situation maîtrisée, on libère le bras à la demande.

9 Le spi **chalute…**

C'est peut-être la conséquence d'un départ au lof ou à l'abattée qui s'est mal terminé, ou bien de la rupture du bloqueur de la drisse. Autre cas de figure, l'affalage du spi a été mal géré, l'intégralité de la bordure n'a pas été récupérée avant de laisser filer la drisse : le point d'amure traînait dans l'eau… et tout le reste a suivi.

Ce n'est pas le moment de tergiverser car le spi, rempli d'eau, tire très fort sur la tête de mât. Premier réflexe, tenter de lofer pour freiner le bateau, à la fois pour préserver le mât et pour réduire la tension dans le tissu, impossible à remonter à bord. Ce n'est pas si facile, car la traction du spi vers l'arrière et sous le vent force plutôt le bateau à abattre. Si l'on ne parvient pas à lofer pour s'arrêter grand-voile faseyante, il va falloir libérer au moins un point du spi.

C'est a priori le point d'amure qu'il faut larguer en priorité, en laissant filer en grand bras ou bosse d'amure. Sauf si le mât paraît en danger, ce qui conduira à larguer la drisse en premier. Et si le « spi-chalut » reste gonflé d'eau, il faut larguer les deux, pour ne garder que l'écoute par laquelle on devrait enfin réussir à récupérer sa voile.

Voilà de quoi relancer le débat sur l'intérêt ou le danger que représentent les nœuds en huit à l'extrémité des bras et écoutes de spi. Ils apportent de notre point de vue un vrai confort, voire une sécurité, mais il faut conserver en arrière de ces nœuds une longueur de cordage suffisante pour ramener la queue au winch. Quoi qu'il en soit, on ne regrettera jamais d'avoir un bon couteau à poste dans le cockpit.

GILLES MARTIN-RAGET

Même les régatiers aguerris peuvent rater un affalage de spi! Une des causes du chalutage : ne pas récupérer toute la bordure jusqu'au point d'amure quand on file la drisse. Le risque? Perdre la voile ou, pire, flamber la tête de mât...

10 La **chaussette** ne descend pas...

F. AUGENDRE

Si la chaussette résiste, il faut s'avancer et tirer au plus près de l'axe du point d'amure.

GUILAIN GRENIER

Ce n'est qu'une fois le spi complètement dégonflé que la chaussette peut descendre.

C'est plus souvent la conséquence d'une erreur d'utilisation que d'un caprice de cet équipement très fiable. Premier rappel : avant d'exercer une traction sur le relais de la chaussette, choquer en grand l'écoute de spi. Ce n'est qu'une fois la voile complètement dégonflée que la chaussette peut descendre. Vérifiez aussi que le bout n'est pas du mauvais côté de l'étai. C'est ce qui arrive généralement si l'on n'a pas veillé à le passer par l'avant (de l'étai) après un empannage avant de le raccrocher au pied de mât. Enfin, pour le maximum d'efficacité, tirez le plus possible à la verticale de la chaussette ce qui signifie qu'il faut avancer avec le bout au fur et à mesure que la chaussette descend : l'axe se déplace vers le point d'amure du spi. Sur de grosses unités, il peut être judicieux de dévier le relais par une poulie ouvrante frappée au milieu de la plage avant. On peut ainsi tirer à plusieurs depuis l'arrière sans risquer de déstabiliser le bateau en chargeant l'étrave, voire renvoyer le bout au winch s'il est assez long.

Le blocage de la chaussette provient aussi souvent d'un tour dans le tunnel de tissu que l'on n'a pas repéré à l'envoi. Il faut en effet veiller à bien suivre la bande de couleur lorsqu'on étale la chaussette sur le pont avant de hisser. Si l'explication se trouve là, il est alors probable que la chaussette ne descendra jamais. Pas de panique, un spi peut toujours s'affaler de façon classique, chaussette en l'air. S'il y a assez de bras pour ramasser le tissu, préférez un affalage sur la plage avant. Opérer depuis le cockpit sous la grand-voile peut en effet être problématique : le bol peut se coincer dans les haubans et barres de flèche, et il est peu pratique de le passer sous la bôme en fin d'affalage.

11 **Je manque de force** sur une manœuvre

Réaliser une demi-clé.

Ramener le courant du cordage sur le côté.

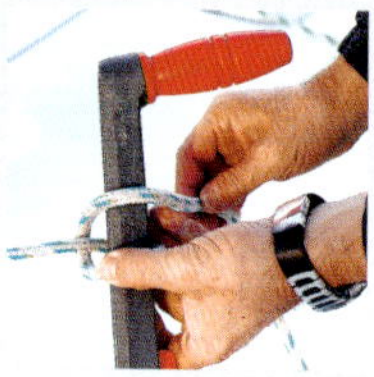
Rabattre par-dessus. Le demi-cabestan est terminé.

Une fois la main refermée sur le nœud, le cordage ne peut glisser.

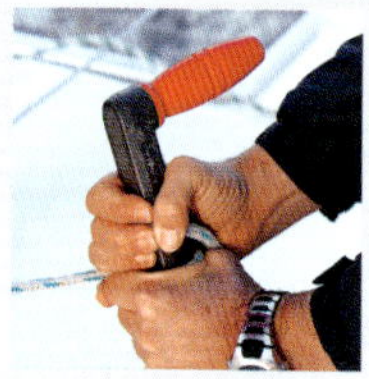
Au besoin, on tire à deux mains.

PHOTOS JEAN-LOUIS GUÉRY

C'est fou ce qu'une manivelle de winch, utilisée comme poignée de traction, peut décupler vos forces. Le truc est de réaliser, avec le cordage sur lequel on souhaite tirer, un nœud qui freine vraiment sur le corps de la manivelle. Réalisé en un tour de main, le demi-cabestan colle idéalement à la situation. Mode d'emploi en cinq étapes.

12 Le spi fait un **coquetier**

Le coquetier est l'un des avatars de la navigation sous spi, lorsque celui-ci s'enroule autour de l'étai. Dans la pratique, on se retrouve avec un spi gonflé en deux parties, avec au milieu l'étranglement qui pose problème, et il n'y a pas à chercher bien loin pour comprendre comment cette malheureuse figure de style a été baptisée coquetier. C'est par un abus de langage que la mésaventure est parfois qualifiée de cocotier, mais après tout l'analogie n'est pas complètement fausse, car dans le pire des cas... il va falloir y grimper. Autant connaître les moyens de s'en défaire sans recourir à cette extrémité.

Hisser un équipier au mât pour le redescendre le long de l'étai afin de libérer le point de drisse et défaire les tours du spi par le haut, c'est la solution ultime. Réagir rapidement en empannant évite d'en arriver là.

CARLO BORLENGHI

Les causes

Le risque de coquetier survient lorsqu'on navigue vent arrière à la limite de la fausse panne. Il existe un léger décalage entre le moment où le bateau franchit le plein vent arrière et celui où la grand-voile passe d'un bord à l'autre. C'est un étroit secteur de quelques degrés de cap dans lequel le bateau navigue sur une amure avec la grand-voile du mauvais côté (sur la fausse panne). Les turbulences qui se créent alors derrière la grand-voile prennent un mouvement circulaire et entraînent le haut du spi à s'enrouler autour de l'étai. Un premier tour apparaît au tiers de la voile, avec une bulle au-dessus et une

bulle au-dessous. Si l'on n'intervient pas rapidement, le haut du spi va continuer à tourner.
Les risques de coquetier sont plus marqués :
→ par mer agitée favorisant les embardées que le barreur à du mal à contrecarrer;
→ pendant les empannages;
→ la nuit, lorsque la vigilance du barreur s'émousse et que le spi fait ses tours en silence dans l'anonymat de l'obscurité.

Un remède...

Paradoxalement, le remède consiste à reproduire la même erreur... mais en sens inverse. En empannant et en naviguant à nouveau fausse panne mais sous l'autre amure, les tourbillons derrière la grand-voile vont s'inverser et défaire les tours un à un. Si cette méthode ne règle pas le problème, on tentera d'affaler le spi en le tirant vers le bas, parallèlement à l'étai. Si les tours sont trop nombreux et se souquent, il faudra se résoudre à rejoindre le port le plus proche en ayant pris soin de saucissonner le spi avec une drisse pour réduire sa prise au vent. Si on se sent de hisser un équipier au mât pour ouvrir le mousqueton de drisse et défaire les tours par le haut alors qu'on est en mer, on pourra simplifier les choses en forçant la vitesse au moteur : ainsi le bateau est-il plus stable, et le vent apparent plus faible.

... et des parades

Naviguer un peu plus haut dans les conditions instables limite les risques de se retrouver sur la fausse panne. Un moyen très efficace d'enrayer les coquetiers consiste par ailleurs à garder de la toile sur l'étai : génois partiellement roulé ou foc de brise. C'est sur ce principe qu'a été imaginé le foc à spi ou « génois belge », triangle de sangles entrecroisées hissé comme une voile d'avant, mais qui laisse passer le vent...

À NE PAS FAIRE

Ne jamais laisser la drisse de foc à poste sur le balcon, et encore moins le va-et-vient de la chaussette à spi (dont la place est tendue au pied de mât) sous peine de rendre l'éventuel coquetier quasi inextricable.

13 Organiser un **remorquage** en eaux ouvertes

DELPHINE FLEURY

Le bateau remorqueur a eu la bonne idée de gréer une patte-d'oie. Pour un remorquage longue durée, il faudrait en faire autant sur le voilier remorqué.

Il arrive, à la suite d'avaries rédhibitoires, que le bateau ne soit plus en capacité de naviguer aussi bien à la voile qu'au moteur. Il faudra alors fait appel à un autre navire sur zone pour opérer un remorquage. La manœuvre peut être délicate dès que la mer est un peu agitée et nécessite quelques précautions de la part du remorqué comme du remorqueur.

Le passage de la remorque

Le passage de la remorque se fait lorsque les deux bateaux sont parallèles, à proximité l'un de l'autre, le bateau remorqueur s'approchant à petite vitesse au vent du remorqué. En principe, c'est le remorqueur qui fournit l'aussière. Celle-ci doit être d'un diamètre suffisant pour supporter l'effort et de la plus grande longueur possible. Au besoin, on peut rabouter plusieurs amarres ensemble en faisant « ajut » avec des nœuds de chaise.
N'utiliser en aucun cas des cordages prévus pour des drisses ou des écoutes, qui n'ont pas l'élasticité nécessaire. Seules les aussières en tant que telles ou une ligne de mouillage sont en mesure d'absorber les à-coups d'un remorquage. Eviter les cordages polypropylène qui flottent, alors que l'on cherche plutôt à faire couler la remorque. Si les conditions le permettent, la remorque pourra être lancée directement d'un bateau à l'autre. Lorsque les conditions imposent une distance de sécurité, on peut utiliser comme touline un cordage plus léger et plus facile à lancer, qui servira de messager.

L'amarrage de la remorque

Sauf par mer calme et pour de courtes durées, la remorque doit être fixée sur les deux bateaux par des pattes-d'oie, afin d'une part d'assurer une

À NE PAS FAIRE

Frapper la remorque au pied de mât lorsqu'il s'agit d'un mât posé sur le pont : le risque de démâtage est évident.

Frapper une remorque sur un taquet avec une demi-clé au taquet, qui risque de se souquer définitivement. Un tour, un huit et un tour mort suffisent, une remorque doit pouvoir être larguée à tout moment (on applique le même principe dans une écluse, où les amarres ne doivent jamais être tournées avec des demi-clés... surtout si on emprunte le sas dans le sens descendant !).

traction dans l'axe, et d'autre part de diviser les efforts sur les points d'ancrage. Chacune de ces pattes-d'oie peut être réalisée par un cordage comportant en son milieu un double nœud en huit, plus facile à défaire après usage qu'un nœud de plein poing. Attention sur le bateau remorqueur, s'il possède un arrière large, à gréer une patte-d'oie suffisamment longue pour qu'en traction elle forme un angle fermé (– de 90 degrés). Un angle excessivement ouvert accroît les efforts sur les ancrages. Où amarrer ces deux brins de la patte-d'oie ? Sur la plupart des voiliers modernes, les points les plus solides sont les taquets d'amarrage, dans la mesure où ils sont boulonnés à travers la liaison coque-pont. Sur le voilier remorqué, bien ramener les deux extrémités de la patte-d'oie jusqu'aux taquets par l'extérieur du balcon avant. Compte tenu des efforts en jeu, la remorque ne doit porter ni sur les pieds du balcon ni sur la cadène d'étai.

Lors du remorquage

La ligne de remorque doit être capable d'encaisser les à-coups en les amortissant, et pour cela être la plus longue possible, minimum cinquante mètres. Une fois la remorque installée, on doit la mettre sous tension progressivement pour que les bateaux se placent parfaitement en ligne. Remorquer à allure réduite, le barreur du bateau remorqué devant rester dans le sillage du remorqueur. Une liaison VHF entre les deux bateaux permet de coordonner les actions de barre. En fin de remorquage, dans le chenal du port de destination, il faut raccourcir la remorque, à la fois pour rendre l'attelage plus évolutif et pour réduire son encombrement en eaux resserrées. Si la mer est calme, le mieux est encore d'amener les deux bateaux à couple pour achever le remorquage bord à bord *(voir page suivante)*, qui garantit une capacité de manœuvre bien meilleure.

BON À SAVOIR

Remorquage par la SNSM

Si l'assistance aux personnes est entièrement gratuite, l'assistance aux biens par la SNSM est facturée. Les tarifs dépendent des moyens mis en œuvre et varient généralement de 300 à 700 euros l'heure de remorquage. Dans le cas d'un remorquage par la SNSM, laissez-vous guider par les consignes de ces bénévoles du secours.

14 Remorquer en eaux calmes

FRÉDÉRIC AUGENDRE

Pour permettre les évolutions, le cul du remorqueur est bien en arrière de celui du remorqué et gardes et traversiers sont raides pour empêcher l'ensemble de jouer. Ici le remorqué a été placé sur bâbord, en vue d'un accostage bâbord à quai.

Si le semi-rigide de la capitainerie ne se présente pas pour prendre le relais, la seule façon de manœuvrer précisément le voilier que vous remorquez depuis le large est de le prendre à couple. C'est beaucoup plus élégant que de le larguer au franchissement des jetées en lui souhaitant bonne chance.

→ Choisir d'abord sur quel bord on va prendre le remorqué à couple et garnir de défenses, signaler au remorqué de faire de même. Le choix du bord dépend des qualités évolutives du remorqueur et de l'endroit où l'on pense déposer le remorqué. Dans le doute, avec un pas d'hélice à droite, on mettra plutôt le remorqué sur tribord et s'il faut faire demi-tour ou virer serré on préférera tourner à droite, sens logique d'évolution avec un pas à droite.

→ Préparer gardes et traversiers pour amarrer les deux bateaux « raide à raide ».

→ Attendre d'être en eau plate pour raccourcir la remorque et amener le remorqué à couple.
→ Positionner le cul de votre voilier bien en arrière de celui du remorqué. Seul votre safran reçoit les filets d'eau d'une hélice qui tourne, il faut optimiser son action pour manœuvrer l'attelage.
→ S'assurer que les barres de flèche des deux voiliers sont bien décalées.
→ Raidir les gardes au winch pour conserver cette position relative. Les traversiers peuvent être au taquet à condition d'être bien raides eux aussi. Au besoin, jouer de l'inverseur en avant et en arrière, de façon à mollir les aussières à tour de rôle, le temps de les souquer. L'attelage ne doit pas prendre de ballant, sous peine d'être difficilement contrôlable.
→ Manœuvrer doucement. La puissance du moteur est calculée pour propulser un voilier, pas pour arrêter le double de son tonnage lancé à bonne vitesse.
→ Communiquer : le barreur du remorqueur annonce à haute voix ses actions pour le barreur du remorqué, qui accompagne le mouvement.
→ Garder en tête qu'un demi-tour sera difficile.
→ Choisir un endroit dégagé pour accoster, un bout de ponton est plus indiqué qu'un nid de pendilles…

Très efficace, cette manœuvre reste à proscrire si la météo rend difficile les évolutions dans le bassin et que l'on n'a pas l'habitude. On préférera rester en stand-by à l'entrée du chenal, et solliciter par VHF l'aide de la capitainerie.

15 Panne **de vent,** panne **de moteur**

FRÉDÉRIC AUGENDRE

Sur eau plate, l'annexe et son hors-bord sont parfaitement capables de déhaler le voilier.

Quand il n'y a pas une ride sur l'eau, que le moteur refuse tout service et que l'escale est en vue, l'annexe munie de son petit hors-bord peut parfaitement remorquer le voilier à couple pour l'amener à bon port. C'est autrement élégant que de lancer un « *PAN PAN* » à la VHF pour panne de moteur…

La manœuvre est similaire à celle pratiquée pour le remorquage à couple d'un voilier, à ces deux différences près que le moteur de l'annexe a une puissance dérisoire en marche arrière et que les défenses sont inutiles.

→ Positionner l'annexe le plus en arrière possible en l'amarrant avec une garde.
→ Mettre également un traversier pour empêcher l'arrière de l'annexe de s'écarter du voilier.
→ Synchroniser les actions du barreur de l'annexe avec celles du barreur du voilier.
→ Manœuvrer en gardant en tête qu'il ne faut pas compter sur la marche arrière.

En arrivant au port, on pourra larguer les amarres pour utiliser l'annexe en pousseur, sur le tableau arrière du voilier pour le faire avancer, ou sur l'étrave pour l'aider à pivoter. Avec un peu de méthode, on arrivera ainsi à gagner sa place à quai sans déranger personne… pourvu que le temps reste calme.

16 Réagir à un **échouement**

LAURENT CHARPENTIER

A la gîte! L'une des meilleures solutions pour se déséchouer est de border le génois à contre en poussant le bateau à l'abattée, de façon à tenter de faire demi-tour.

Mettre du monde dans la bôme largement débordée est très efficace... à condition que la météo soit bonne.

Grimper dans le premier étage des barres de flèche est radical, mais exige habileté et forme physique!

PHOTOS CHRISTIAN FÉVRIER

Pour le *Petit Larousse*, l'échouage est *« le contact d'un navire avec le fond, par la suite d'un abaissement du niveau de l'eau »*. L'échouement décrit *« un arrêt brutal d'un navire en marche qui touche le fond »*. *« Au contraire de l'échouage*, précise le dictionnaire, *l'échouement est fortuit.»* On parle aussi de *« se mettre au plain »*. Voici une nouvelle occasion de s'émerveiller de la précision du vocabulaire maritime, mais notons tout de même que pour les deux situations, il n'y a qu'un seul verbe : échouer. Et une fois échoué (par accident, donc), le temps n'est plus trop à s'appesantir sur les nuances sémantiques mais plutôt à se tirer d'un mauvais pas.

Est-ce grave ?

L'échouement déstabilise, dans tous les sens du terme. Par définition, l'événement survient brutalement et de façon imprévue, et il va falloir agir vite ; toutes les conditions sont réunies pour faire monter le stress dans l'équipage et pourtant, il va falloir se garder des initiatives intempestives, réfléchir un instant et se poser les bonnes questions.
Tout d'abord, la situation est-elle grave ? S'échouer par mer belle sur un banc de sable ou de vase n'a jamais fait de mal à personne, on connaît suffisamment d'équipages qui ont passé une marée sur le flanc à Chausey ou au milieu du Solent sans autres dommages qu'une éventuelle blessure d'amour-propre et l'inconfort d'un séjour de quelques heures dans un bateau couché à l'horizontale.
Un talonnage à forte vitesse sur un caillou est potentiellement porteur d'autres dégâts. En pareil cas, il faut soulever les planchers pour s'assurer de l'absence de voie d'eau ou de dommage structurel, vérifier que le gréement n'a pas souffert, et confirmer que personne n'est blessé. Face à un vrai problème, le premier réflexe sera de demander assistance par radio, message « PAN PAN » ou « MAYDAY » selon l'ampleur des dégâts, et suivre les consignes du CROSS. Cette recommandation vaut que le bateau soit resté échoué ou remis à flot.
Parmi les autres questions à se poser :
La météo. Les conditions sont-elles maniables? Est-il prévu qu'elles s'aggravent? Le vent porte-t-il vers les dangers ou vers le large? Par forte brise poussant à la côte, il serait malheureux que les tentatives pour se dégager aient pour résultat d'aller s'échouer plus loin. Le plus sage est parfois de rester sur place et de prendre son mal en patience.
La marée. Monte-t-elle ou descend-elle? De combien, et pour combien de temps?
La nature des fonds. Si le bateau termine sur le flanc, se retrouvera-t-il posé sur un sol meuble, ou sur la roche (ou une patate de corail)?
Des réponses à ces interrogations découlera le caractère bénin (au mieux) ou désespéré (au pire) de la situation, et se déduiront par conséquent les mesures à entreprendre, ainsi que le degré d'insistance et d'énergie avec lesquelles on les mettra en œuvre.

Se dégager...

Le premier objectif est de faire gîter le bateau pour diminuer son tirant d'eau (sauf avec un biquille,

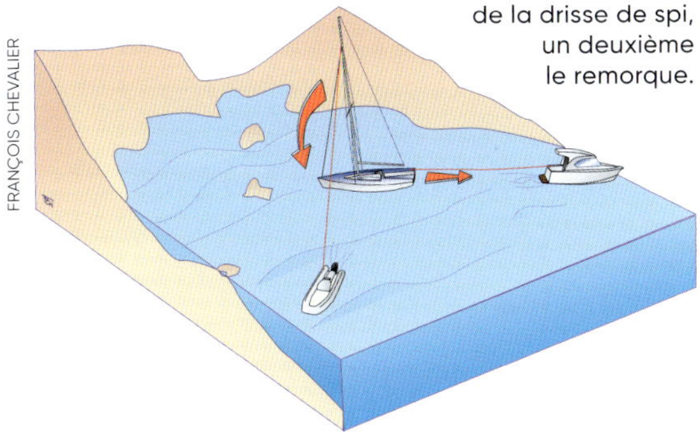

SE DÉGAGER AVEC DEUX BATEAUX À MOTEUR
Pendant qu'un premier bateau à moteur fait gîter le voilier à l'aide de la drisse de spi, un deuxième le remorque.

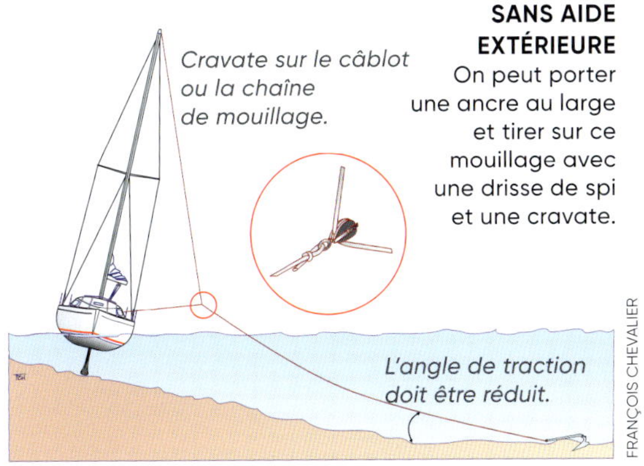

SE DÉGAGER SANS AIDE EXTÉRIEURE
On peut porter une ancre au large et tirer sur ce mouillage avec une drisse de spi et une cravate.

où l'on obtiendrait l'effet inverse – pour ce dernier, on cherchera à pivoter doucement au moteur, avec une gîte nulle). Tous les moyens sont bons, et peuvent être combinés. Le foc bordé à contre peut forcer la gîte, tout en poussant le bateau à l'abattée, ce qui dans la plupart des cas est la meilleure solution : on cherche à opérer un demi-tour pour retrouver des eaux plus profondes. Toujours pour les mêmes raisons, on préférera laisser la grand-voile en drapeau : en restant bordée elle contrarierait l'abattée, et contribuerait à faire avancer le bateau... dans la mauvaise direction. Lorsqu'on s'échoue à une allure proche du vent, la première action est de virer immédiatement en gardant le foc à contre. Si le bateau parvient à basculer sur l'autre bord en passant sur sa quille, c'est pratiquement gagné.

Le poids de l'équipage doit être mis à contribution. Barreur excepté, tout le monde doit se porter sous le vent, en se tenant par exemple aux haubans. Par conditions maniables, mettre du monde dans la bôme largement débordée est très efficace. On peut aussi grimper dans le mât, sans dépasser le premier étage de barres de flèche pour ne pas se mettre en danger : à ne tenter que si l'on est sûr de soi. Si nécessaire, on s'aide au moteur, a priori en marche arrière. Ne pas insister au-delà de quinze degrés de gîte, la lubrification du diesel n'étant plus assurée, et la prise d'eau de mer de refroidissement risquant, si elle est du mauvais côté, de se retrouver au-dessus de la flottaison.

Avec l'aide de bateaux à moteur (seuls à pouvoir s'approcher en raison de leur moindre tirant d'eau), on pourra augmenter la gîte en tirant latéralement sur une drisse de spi, tandis qu'une deuxième embarcation remorque en arrière. Une solution de la dernière chance, en l'absence d'assistance extérieure, consiste à porter l'ancre au large avec l'annexe, et à tirer sur le mouillage avec la drisse de spi. Pour éviter à l'ancre de chasser, il faut fermer un minimum l'angle de traction, avec une cravate sur la chaîne ou le câblot de mouillage *(voir schémas)*.

Irrémédiablement...

La mer a encore baissé sans qu'on puisse s'extraire de là, ou bien on a préféré limiter les dégâts en restant sur place plutôt que de courir le risque d'être poussé à la côte. D'abord couper le moteur, puis fermer toutes les entrées d'eau. Si l'on est posé sur des fonds meubles, pas d'autre souci. Sur des fonds de roche, on cherchera à protéger le flanc de la coque en intercalant tout ce qui peut faire écran : matelas, sacs à voile, défenses, voire des pneus si un secours est proposé depuis la terre. Par ressac, et si des tiers viennent prêter main-forte, on peut alourdir le bateau pour amortir ses mouvements et réduire les chocs en faisant monter un maximum de personnes à bord : cette méthode était couramment utilisée aux Glénans, à la glorieuse époque de ses cotres bretons.

Puis on portera l'ancre vers le large, avec l'annexe... ou à pied, de façon à stabiliser la situation lorsque le bateau se remettra à flot. Enfin, on mettra à profit la période où il reste à sec pour préparer au mieux le déséchouement : prise de contacts en vue d'un éventuel remorquage, allègement si possible du voilier (par exemple en vidant les réservoirs d'eau).

À FAIRE

Pour porter un mouillage avec l'annexe, le plus commode est de mettre toute la ligne de mouillage dans l'annexe, partir au loin jeter l'ancre et revenir vers le voilier en filant le mouillage. Mettre l'ancre dans l'annexe et tenter de tirer derrière soi le mouillage est vain.

BON À SAVOIR

La marée existe aussi en Méditerranée.
Un marnage de 30 centimètres peut suffire à planter un bateau pour une marée ou à le dégager.

17 La gaffe **est perdue**

PLASTIMO

Une fausse manœuvre, une maladresse, une main qui glisse, et la gaffe passe à l'eau. Dommage, surtout quand on doit saisir un coffre. En fait, ce n'est pas un véritable problème, on va s'en sortir en prenant le coffre par l'arrière, pour dans un deuxième temps pivoter sur ses amarres. Cette manœuvre fonctionne remarquablement sur les voiliers modernes qui compensent l'inconvénient d'un franc-bord important à l'étrave par leur large plage arrière ouverte sur une jupe ou une plate-forme à fleur d'eau.
L'essayer c'est l'adopter, surtout en équipage réduit. Par vent soutenu, on s'assurera juste qu'en phase de pivotement, un rayon d'évitage trop important ne nous amène pas sur les voisins. Si on prend un coffre dans le courant et que la place pour opérer un demi-tour est restreinte, on attendra tout bonnement l'étale avant de procéder au retournement.

Présentation et réalisation

En marche arrière, le cul a tendance à remonter dans le vent ce qui, en l'occurrence, fait parfaitement notre affaire puisque cela correspond à la bonne trajectoire d'approche. A la barre, on bénéficie d'une parfaite vision de la trajectoire à suivre et des distances pour s'arrêter. Il faut manœuvrer à vitesse lente, le risque étant de monter sur le coffre et de bloquer l'hélice ou le safran.

Une fois le coffre à portée de main, on passe une aussière en double dans l'œil. Depuis la jupe du voilier on travaille à la bonne hauteur, plutôt que de jouer les acrobates à plat ventre sur le pont quand on tient absolument à prendre le coffre par l'étrave. Une fois le bateau amarré, on installe une seconde aussière, amarrée à l'avant et passant à l'extérieur de tout, qui permettra de faire éviter le voilier et de

Prendre une bouée sans gaffe

1 *En marche arrière, le barreur contrôle parfaitement sa trajectoire, avec une vue dégagée.*

2 *Depuis la jupe ou l'arrière ouvert du cockpit, on est à bonne hauteur pour passer une aussière en double.*

3 *Depuis le taquet d'étrave, l'amarre avant passe à l'extérieur des filières et des haubans.*

4 *En souquant sur cette deuxième amarre et en larguant l'aussière arrière, on fait pivoter le bateau.*

PHOTOS FRÉDÉRIC AUGENDRE

lui mettre le nez sur le coffre. Au besoin, on s'appuie au moteur en fin de demi-tour, pour aider l'équipier d'avant à haler sur l'amarre.

Bâbord ou tribord ?

Peu importe. En accostant le coffre, on peut choisir de l'amener soit sur le coin tribord, soit sur le coin bâbord du tableau arrière. En revanche, quand on met en place la seconde aussière qui part de l'étrave, on n'a plus le choix! Elle doit impérativement passer par le côté « au vent », ou « au courant », c'est-à-dire du même côté que celui où on s'est amarré par l'arrière. A défaut, le pivotement sera impossible.

18 L'ancre **chasse**

Cela commence – ou pas – par un pressentiment. Cette sensation que les mouvements du bateau ne sont plus tout à fait les mêmes, que les bruits de l'eau sur la coque ont imperceptiblement changé, que le paysage entraperçu par les hublots n'est plus tout à fait identique. On bondit dans le cockpit, et oui, on chasse. Au pire, on n'a rien vu venir et on est alerté par un choc contre le voisin. En tout état de cause, il va falloir en urgence poser son bouquin (interrompre sa sieste, remettre le dîner à plus tard...) et agir sans traîner.

Comment éviter le problème ?

Plusieurs raisons, isolées ou cumulées, peuvent perturber la tenue d'une ancre.

→ Au moment de mouiller, on n'a pas fait tête et l'ancre juste posée sur le fond n'a pas croché.

→ Les fonds sont de mauvaise tenue. Privilégier le sable un peu mou, la vase un peu dure et se méfier des herbiers. Proscrire la roche, sauf à prendre la précaution d'oringuer.

MAUD ATAMANIUK

→ Le vent a forci et on avait mouillé trop court. Le bateau force sur sa chaîne et la décolle du fond. Pour qu'une ancre tienne, il faut que la puissance de traction qu'elle exerce soit la plus horizontale possible.

→ La marée a monté et on avait mouillé trop court. Avec un mouillage lourd, c'est-à-dire uniquement constitué de chaîne, il faut au minimum filer trois fois la hauteur d'eau à pleine mer. Avec un mouillage mixte, chaîne et câblot, c'est cinq fois. Et par conditions délicates (vent, courant, clapot), il faut mouiller encore plus long.

→ On n'a pas donné à l'ancre la chance de bien crocher. Avec un guindeau, on ne dévire pas la chaîne au rythme asthmatique de son moteur électrique. On ouvre largement le frein jusqu'à ce que l'ancre touche le fond. Puis on l'étrangle progressivement à mesure que l'on étale la chaîne en culant. Quand la longueur choisie est filée, on bloque le frein. Si le bateau fait tête (s'il rappelle brutalement sur son ancre), c'est bon. Sinon, il faut repartir de zéro.

Prendre ses repères

Le premier réflexe après avoir mouillé est de prendre un alignement à terre (tout est bon, arbres, rochers, balises, maisons, clocher...). Bien sûr, on va un peu bouger au gré du vent ou du courant, mais l'alignement variera peu si le mouillage tient, sinon c'est que l'on chasse. Cet alignement servira de référence, à tout moment de l'escale, pour s'assurer que l'ancre tient toujours. En cas de doute, poser la main sur la chaîne : si on la sent tressauter, cela chasse à coup sûr.

En complément, il est toujours possible de paramétrer des alarmes sur le sondeur (en fixant des limites haute et basse de hauteur d'eau) ou sur le GPS. Attention, ce n'est pas une arme absolue. Dans certaines circonstances, une alarme GPS réglée sur 0,02 mille marin (37 mètres) pour tenir compte du cercle d'évitage sonnera alors qu'on dérive déjà tout près des dangers.

Enrayer le phénomène

S'il n'est pas trop tard, si on n'est pas encore arrivé au contact des voisins, si le bateau n'a pas dérivé dans une zone dangereuse, si geler la situation en l'état a encore du sens, le premier réflexe sera de filer des mètres de mouillage. Avec un peu de chance, on va donner le temps à l'ancre de se stabiliser, et de crocher à nouveau, et le mouillage rallongé tirera sous un angle plus proche de l'horizontale.

Si les alignements continuent de bouger, il va falloir aller mouiller dans un meilleur endroit, ou reposer sa pioche dans les règles de l'art. Les techniques d'empennelage et d'affourchage décrites dans les manuels renvoient à une époque où les ancres étaient configurées différemment, et où les moteurs auxiliaires des voiliers (et les guindeaux !) n'étaient pas ce qu'ils sont devenus. Dans un mouillage très exposé, porter des amarres à terre paraît beaucoup plus sûr que toute autre méthode.

FREDERIC AUGENDRE

En mouillant, on ne dévire pas la chaîne avec le moteur du guindeau mais en desserrant le frein avec la bringuebale. La touche « down » de la télécommande ne sert qu'à ajuster la longueur de chaîne.

PIERRE MARTIN-RAZI

Lorsque l'ancre chasse ainsi, seul un répit peut lui permettre de crocher à nouveau : il faut filer beaucoup de chaîne.

19 Le **vent perturbe** les manœuvres de port

Deux grands classiques par brise traversière : le vent plaque le voilier au quai alors qu'on se prépare à en partir, ou dans la situation symétrique, il souffle depuis le ponton et empêche de s'en approcher. Dans les deux cas, on va s'en sortir en jouant du couple entre une amarre tendue et la poussée de l'hélice.

S'écarter du quai contre le vent

La méthode pour s'en sortir consiste à s'appuyer sur une garde. Sur les voiliers modernes, dont la forme en coin pivote plus naturellement sur l'étrave, c'est plus facile en marche avant. Toutes les amarres sont larguées, sauf une garde passée en double à quai, et conservée en tension

Le lancer d'amarre est un geste à maîtriser... mais il ne résout pas tout !

par un tour mort sur le taquet d'étrave. L'avant du bateau a été garni de défenses, sur lesquelles le bateau va venir s'appuyer progressivement lorsque le barreur met des gaz. Le safran est braqué, de façon à orienter le flux de l'hélice sur le côté et à accentuer l'effet, écartant le cul du bateau vers le large. C'est une affaire de patience et de dosage de l'inverseur, inexorablement le bateau va prendre de l'angle jusqu'à ce que l'on puisse dégager en marche arrière, en larguant la garde.
Dans l'idéal, pour que l'étrave ne vienne pas chasser contre le quai lorsque l'on commence à reculer, il faudrait pivoter aussi loin que nécessaire pour franchir l'axe du vent. Lorsque le vent souffle sur l'épaule, de l'avant du travers, c'est mission impossible. Il faudra alors s'efforcer de s'appuyer sur une garde en reculant, pour dégager ensuite de sa place en marche avant. C'est plus long, le couple hélice-aussière est plus faible et les formes arrière plus tendues favorisent moins le pivotement, mais il faut savoir insister : ça marche.

Accoster au ponton contre le vent

Ça siffle en rafales dans les haubans, on est bien content d'arriver au port, une magnifique place de ponton nous attend, mais voilà : le vent nous en écarte et toutes les tentatives d'approcher tournent à l'échec. Au pire, et si on a du talent pour le lancer d'amarres, on arrivera à passer les aussières à quelqu'un sur le ponton, et il faudra s'escrimer pour les souquer mètre par mètre.
Il y a beaucoup mieux comme méthode, et encore une fois c'est le jeu entre une amarre et l'action du moteur qui va nous sortir d'affaire. L'objectif est de passer l'amarre arrière sur le ponton. On pourra pour cela s'approcher en marche arrière suffisamment près pour confier l'amarre à un tiers, ou pour débarquer un équipier : par vent soutenu, un bateau qui bat arrière vient naturellement le cul dans le vent, et c'est cette tendance que l'on met alors à profit.
Une fois l'aussière tournée sur le ponton, on repasse en marche avant, avec ce qu'il faut de gaz pour que le voilier s'oriente parallèlement au ponton jusqu'à venir s'y coller. Ne pas s'amarrer trop court, le couple déployé dans cette manœuvre est phénoménal, mieux vaut filer quelques mètres d'aussière pour ne pas forcer sur le taquet.

Et le propulseur d'étrave ?

Le propulseur d'étrave est d'une aide bien précieuse, mais à lui seul il ne résoudra pas toutes les situations. Mieux vaut le considérer comme un appoint utile aux manœuvres menées dans les règles de l'art. Pour rappel, les propulseurs d'étrave ne sont pas destinés à être utilisés de façon prolongée et continue, mais par petits à-coups.

À FAIRE

Pour un appui sur garde, garnir l'extrémité du bateau avec la plus grosse des défenses disponibles.

Pour larguer les amarres dans le bon ordre, observer celles qui ne présentent pas de tension : compte tenu du vent, ce sont les autres qui retiennent le bateau.

À NE PAS FAIRE

Réaliser ce type de manœuvre sur des aussières trop courtes, au risque de produire un effort démesuré sur les taquets.

Recycler les vieilles écoutes comme amarres : les aussières doivent impérativement avoir une certaine élasticité.

L'APPUI SUR GARDE EN MARCHE AVANT

La garde a été passée en double, l'étrave est protégée d'une défense, les autres amarres ont été larguées une à une.

Safran braqué, moteur en marche avant lente, la garde est contrôlée par un tour mort au taquet. Le cul s'écarte et le bateau pivote progressivement.

Le bateau a passé le lit du vent, on peut enclencher la marche arrière. L'équipier d'avant récupère la garde.

LORSQUE LE VENT SOUFFLE SUR L'ÉPAULE

PHOTOS FRÉDÉRIC AUGENDRE

Le bateau n'est plus retenu qu'à l'arrière par une garde en double. Une défense protège le coin du tableau arrière.

Barre dans l'axe, on bat en arrière en dosant les gaz. Le bateau écrase ses défenses, l'étrave s'écarte lentement du quai.

Le bateau est enfin bout au vent, on dégage en marche avant.

ACCOSTER PAR VENT CONTRAIRE

En marche arrière, déposer un équipier qui tourne une aussière sur le ponton, en laissant une bonne longueur d'amarre.

Marche avant lente, doser les gaz. Le bateau va progressivement se rapprocher latéralement du ponton.

En restant embrayé, on tourne posément l'aussière avant. On peut repasser au point mort pour amarrer les deux gardes.

FRÉDÉRIC AUGENDRE

2

VOILES & GRÉEMENT

Faire route

Par Jean-Yves Béquignon, Jean-Louis Guéry et Patrick Moreau.

Les voiles sont relativement fragiles, heureusement il existe aujourd'hui des moyens simples et prêts à l'emploi pour réparer les accrocs.

Faire route

Il fut une époque où l'on enseignait aux équipages la videlle, point de couture permettant de réparer provisoirement un accroc dans une voile. L'évolution des tissus a rendu la technique obsolète, l'aiguille triangulaire de voilerie mettant à mal la trame bloquée du moindre Dacron enduit. Les fabricants ont par ailleurs mis au point des patchs autocollants qui font merveille sur les déchirures, pourvu que l'on en connaisse le mode d'emploi. Il est en revanche des gestes qui ne se démodent pas : paumelle et trousse de couture ont toujours leur place à bord, quand il s'agit de refixer un coulisseau ou de reconstruire un point d'écoute. Et d'autres qui reviennent en force, comme la confection de l'erse à bouton, ou manille textile qui permet de solutionner bien des problèmes d'accroche de voile ou de gréement. Et si le problème est mécanique ? Un vit-de-mulet qui lâche, une bôme qui plie : on pourra cependant faire route, assez simplement, et en conservant des performances somme toute honorables. Quand le mât tombe, les problèmes prennent une autre ampleur, mais les solutions existent, et permettent de continuer à aller de l'avant.

20 Une voile est **déchirée**

Mesurer la longueur de la déchirure. La première pièce doit déborder l'accroc de 10 centimètres de chaque côté. La deuxième mesurera 20 centimètres de plus en largeur et en longueur.

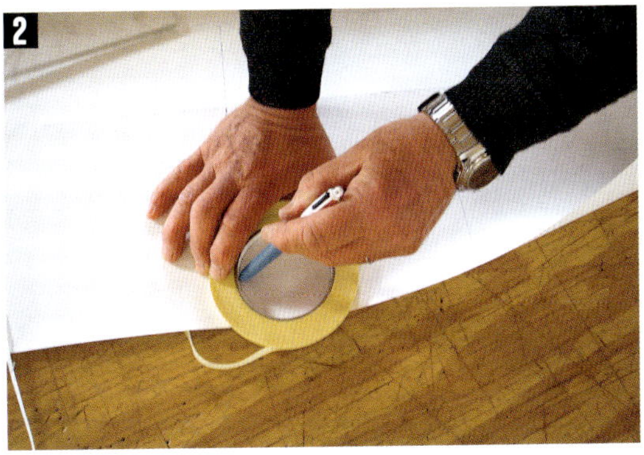

On dessine le contour de chacune des pièces sur le tissu autocollant en veillant à arrondir les quatre angles (le rouleau d'un ruban adhésif ou un verre font très bien l'affaire).

On coupe soigneusement les deux pièces au ciseau ou au cutter en suivant rigoureusement l'arrondi des angles. Ceci permet de limiter les arrachements ou les décollages ultérieurs.

On plie la pièce en deux dans le sens de sa longueur, de façon à positionner son axe médian sur l'endroit de la déchirure.

PHOTOS JEAN-LOUIS GUÉRY

L'accroc dans une voile est un incident fréquent dont les causes sont multiples, comme une goupille de ridoir mal protégée, un embout de barre de flèche trop agressif ou un pincement lors d'une manœuvre de prise de ris. Qu'il s'agisse de la grand-voile, du génois ou du spi, la technique de réparation est identique dès lors que l'on possède les tissus autocollants adéquats : Dacron ou Insignia pour génois et grand-voile, Nylon pour le spi. On les trouve en placards ou en rouleaux chez les shipchandlers ou dans les voileries. Voici, avec Ronan Le Bihan, voilier à Port-la-Forêt, les étapes d'une réparation dans les règles de l'art, dont l'un des principes est de superposer plusieurs patchs reprenant les efforts de façon dégressive, de plus en plus loin sur le tissu sain. Cette réparation est suffisamment solide pour pouvoir continuer à naviguer sans difficulté. On peut même attendre la fin de la saison avant de confier la voile à son voilier habituel pour la mise en place d'une pièce définitive, cette fois-ci correctement cousue.

À FAIRE

Rincer et sécher le pourtour de l'accroc avant réparation : les tissus autocollants s'accommodent mal de l'humidité et du sel. On peut aussi dégraisser avec un produit lambda (comme l'alcool à brûler) si on en a sous la main.

À NE PAS FAIRE

Entreposer ses patchs d'Insignia pliés : le film de protection se détache au niveau des plis, et la colle se détériore. Les tissus autocollants sont à ranger dans le bateau en rouleaux, à l'abri de l'humidité et de la lumière.

L'empiècement étant ainsi parfaitement centré sur l'accroc, on déplie la partie inférieure pour mettre le tout en place.

On colle, en commençant par l'un des angles, en enlevant progressivement le film de protection. Il est important que la voile soit bien tendue pour éviter les plis et que les lèvres de l'accroc soient bien jointives. A bord, on peut prendre comme support un plancher, ou la table du carré.

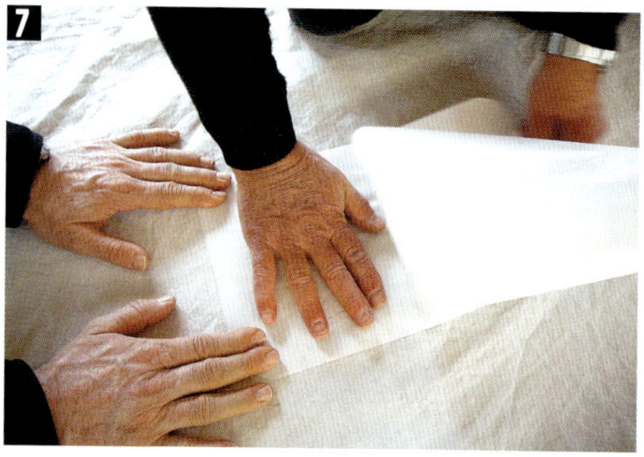

On applique la pièce en décollant le film de protection au fur et à mesure. Il est important de bien appliquer le tissu avec les mains en évitant les faux plis. L'opération est plus simple en travaillant à quatre mains.

La première pièce étant collée, on prépare la pose d'un deuxième empiècement, de dimensions supérieures : 20 centimètres de plus en longueur et autant en largeur.

9

La technique est la même. Pour assurer un collage parfait, il faut ensuite réactiver la colle. Pour cela, on utilise le film de protection dont on fait une boule avec laquelle on frotte énergiquement. Le dégagement de chaleur va permettre à la colle de bien imprégner la trame des tissus.

10

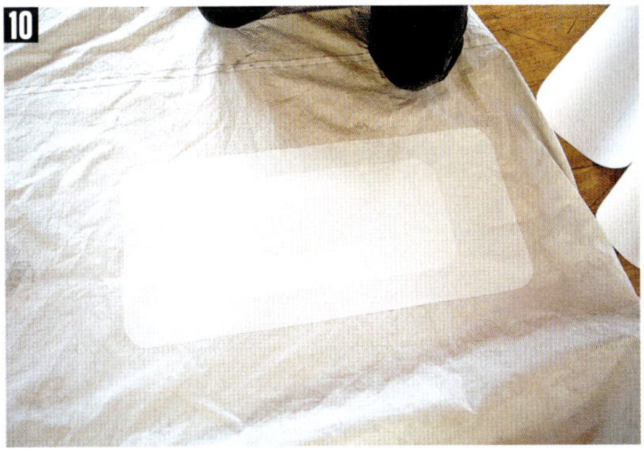

Les deux pièces superposées sont en place. Celle du dessus va chercher les efforts plus loin de la déchirure, diminuant ainsi de façon progressive les tensions sur la réparation. Si besoin, on peut ajouter un troisième pli, toujours de dimensions supérieures, avant de répéter ces opérations au verso.

21 Le coulisseau de têtière s'est **arraché**

L'arrachement d'un coulisseau intermédiaire n'est pas un drame, au besoin on peut le refixer avec une ligature de Sandow. Les pièces dites « coulisseaux-manilles », fermées par clip ou par vis, se changent très aisément, et il est toujours bon d'en avoir de rechange dans la trousse de voilerie. Au pire, on navigue momentanément avec un coulisseau manquant. Mais il en est un qui ne supporte pas l'à-peu-près, c'est celui qui solidarise la têtière de grand-voile et supporte de fortes tensions. S'il s'est abîmé, décousu ou arraché, il va falloir sortir l'aiguille pour procéder dans les règles de l'art.

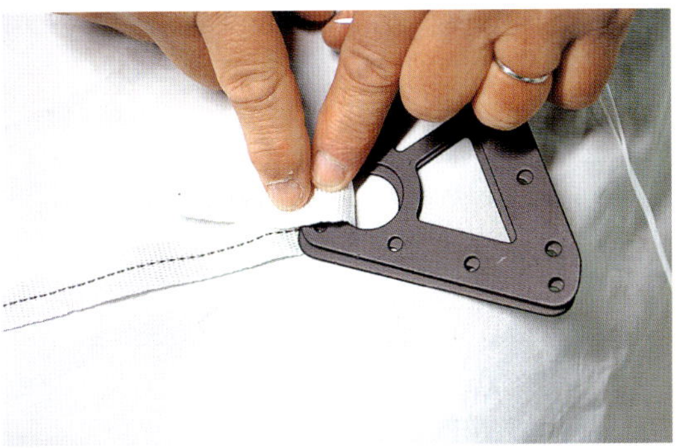

On passe la sangle dans l'œillet de la têtière.

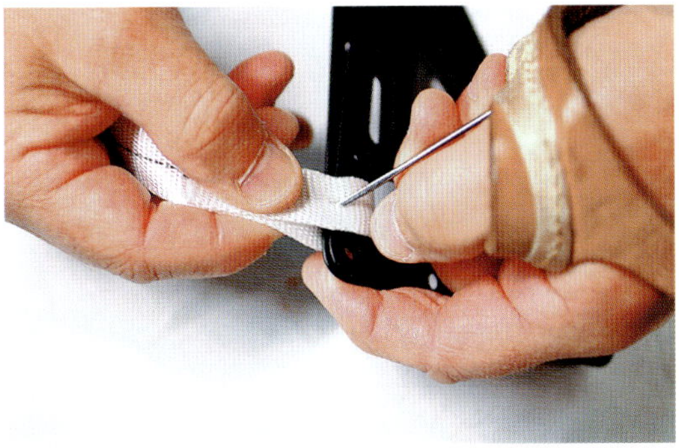

On coud un premier point pour bloquer cette boucle.

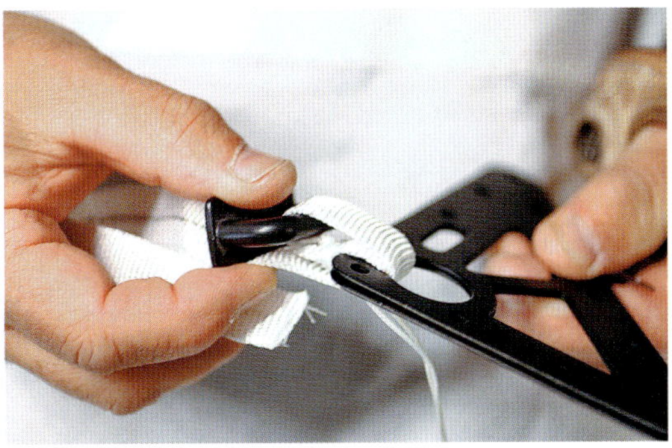

On réalise une ligature à deux tours (pas trop serrés) en passant la sangle dans la lumière du coulisseau puis à nouveau dans l'œillet.

La réparation consiste à coudre le coulisseau avec un morceau de sangle avec laquelle on fait une ligature passant à la fois dans l'œillet de la voile ou de la têtière et dans la lumière du coulisseau. La difficulté est de réussir à piquer quatre épaisseurs de sangle sans casser l'aiguille. Le mieux est de disposer d'une bonne paumelle pour pousser et de s'aider d'une pince pour tirer.

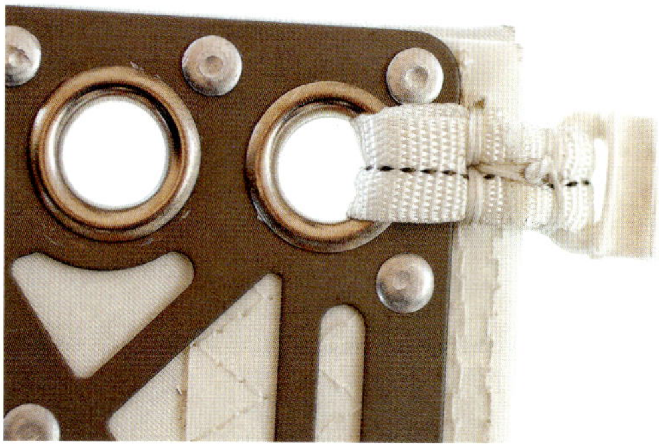

Le même fil réalise quatre ligatures, deux tout près de l'œillet et deux autres tout près du coulisseau.

22 Un point d'écoute s'est **rompu**

En dépit des renforts dans cette partie de la voile, le point d'écoute subit des efforts importants et il n'est pas rare qu'il se détériore, au point que l'œillet (ou l'anneau) s'arrache. La réparation à entreprendre est une solution de fortune qui permettra de continuer à naviguer mais il faudra dans tous les cas porter la voile en réparation à la prochaine escale. Le travail consiste à coudre des sangles pour former un nouveau point d'accroche pour les écoutes.

La disposition des sangles

Il faut couper deux morceaux de sangle d'une quarantaine de centimètres environ. On forme ainsi deux boucles que l'on passe de chaque côté de la voile. Mais au lieu de disposer chacune des extrémités en vis-à-vis, on les décale légèrement en « rayons de bicyclette ». Ceci permet d'une part de mieux répartir les efforts qui vont s'exercer sur la voile et d'autre part facilite la couture, en évitant d'avoir à piquer à travers deux épaisseurs de sangle. Il faut veiller à ce que les boucles soient de tailles égales et que l'on puisse y passer les écoutes.

La couture

A l'aide une paumelle, d'une aiguille de voilier (triangulaire) et de fil à surlier, il ne reste plus qu'à coudre en faisant deux lignes de points droits en bordure des sangles. Le point droit se fait en piquant, à espaces réguliers, à travers la sangle et la voile, un coup dans un sens et un coup de l'autre. Pour faciliter le passage de l'aiguille à travers les multiples épaisseurs de tissu, il est préférable de réaliser des avant-trous avec une alène de voilier, un pointeau très fin... ou encore une perceuse dotée du plus petit foret possible. Lorsqu'on arrive en bout de sangle, on repart dans l'autre sens en piquant dans les mêmes trous. En bordure des boucles, on fera deux petites coutures parallèles en travers des sangles pour renforcer l'ensemble.

Pré-positionnées avec du double-face, les sangles sont disposées en alternance, en veillant à couvrir recto-verso l'éventail le plus large possible entre bordure et chute.

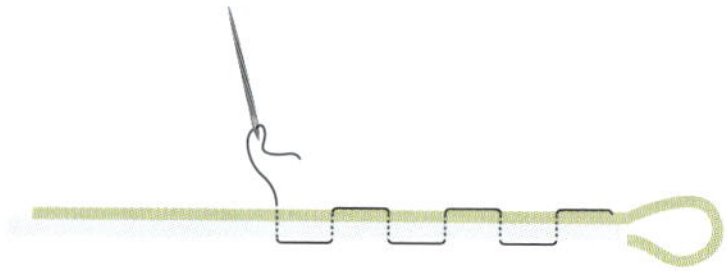

Couture des sangles par des points droits.

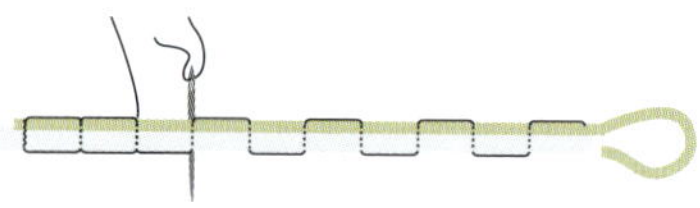

23 L'enrouleur **est bloqué**

On a beau tirer sur la bosse de l'enrouleur, rien ne vient. Surtout, ne pas insister. Par principe, considérer que le génois s'enroule « à la main », et ne jamais tirer au winch, en tout cas tant que la taille du bateau ne génère pas d'efforts démesurés. Rouler en force en gardant de la tension dans l'écoute au

PHOTOS JEAN-LOUIS GUÉRY

Une fois le foc libéré de ses écoutes, il est possible de l'enrouler... en tournant au moteur autour de la voile.

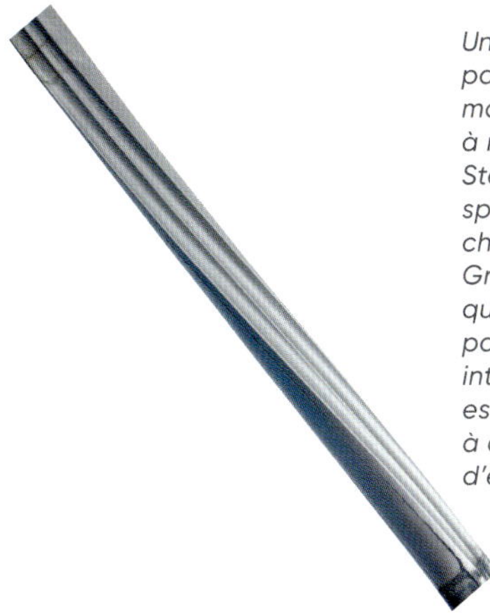

Un profil d'étai vrillé par les mauvaises manœuvres à répétition. Stéphane Hébert, spécialiste chez Techniques Gréement, estime que la majeure partie de ses interventions estivales est due à des problèmes d'enrouleur.

motif d'éviter les plis est une mauvaise idée, c'est ainsi que se créent dans l'étai des torsions pouvant vriller le profil d'enrouleur ou même détoronner le câble... au risque de démâter. Comme nous l'a confirmé Stéphane Hébert, gréeur à Concarneau et prestataire des Glénans, les ennuis de gréement liés à un mauvais usage de l'enrouleur sont légion. La bonne procédure pour rouler une voile d'avant consiste à abattre au grand largue pour réduire le vent apparent, à laisser filer l'écoute, et à reprendre main sur main la bosse d'enrouleur. Au besoin, un équipier se déplace sur la plage avant et « fait arbalète » sur la bosse entre deux poulies de renvoi. Et cela se passe très bien, même dans la brise, sur des bateaux de 40 pieds, voire un peu plus. Si on n'a d'autre choix que d'y aller au winch (grand bateau, enrouleur encastré sous le pont générant sur la bosse des frottements rédhibitoires), modérer à tout prix ses ardeurs!
Et si cela bloque pour de bon? Il va falloir inspecter le système.

Le problème se passe en bas

La bosse d'enrouleur s'est enroulée en désordre sur le tambour, phénomène fréquent lorsqu'on déroule en lâchant la bosse en grand sans contrôler son défilement, ou encore lorsque la première poulie de renvoi est mal positionnée ou mal orientée. La bosse n'attaque plus le milieu du tambour, les tours s'agglutinent dans le bas de celui-ci.
Surtout ne pas souquer, le remède serait pire que le mal. Par vent faible, on va pouvoir tourner le profil d'enrouleur à la main en le saisissant à hauteur de poitrine, voile choquée en grand, tandis qu'un équipier reprend la bosse jusqu'à arriver sur des tours corrects. Comme de bien entendu, on procède vent portant et foc choqué en grand. Par brise plus soutenue, on n'aura d'autre solution que d'affaler le génois pour tout remettre en ordre, avant de renvoyer la toile.

Le souci est en haut

Si c'est clair en bas, c'est que cela bloque en haut. La drisse de spi est dans le balcon, elle a pris du mou et s'est coincée dans la voile que l'on cherche à enrouler, jusqu'à bloquer l'émerillon. Ou bien, en la mettant au balcon, on a fait un tour autour de l'étai qui empêche le profil de tourner.
Pas de drisse de spi en jeu? Le problème peut aussi venir de la drisse de génois : trop raide, elle empêche l'émerillon de jouer son rôle et le profil de tourner, ou elle est mal montée et s'est enroulée autour de l'étai. On s'en sortira éventuellement en mollissant la drisse, avant de reprendre doucement l'enroulement. Si le problème se répète, il faudra s'interroger sur le montage du réa de drisse : pour que l'enrouleur fonctionne correctement, la drisse doit former un angle minimal avec l'étai. Au besoin, installer un pontet de renvoi en contrebas du réa.

Impossible ni de rouler ni de descendre!

Ce n'est pas toujours simple d'affaler et de renvoyer le génois en mer, pour peu que la brise souffle et que l'équipage manque de bras. Dans le pire des cas, le foc refuse carrément de descendre. Et rentrer au port avec une voile claquant au vent n'est pas très réjouissant. Nous avons testé une solution décrite dans le *Cours des Glénans*, consistant à faire tourner le bateau autour de la voile. Et ça marche, en tout cas par brise modérée : d'abord rejoindre des eaux calmes. Défaire la contre-écoute du génois.

Frapper sur le génois une écoute de manœuvre, avec un nœud gansé largable sous tension. Border avec cette écoute de manœuvre, larguer l'écoute principale, puis le nœud gansé. La voile a été libérée sans effort, ni acrobatie pour l'équipage. Reste à tourner sur place, au moteur et à petite vitesse, jusqu'à ce que le foc se soit totalement enroulé. On n'a plus qu'à le sécuriser avec un raban.

À FAIRE

Si l'étai banane, raidir le pataras, un profil rectiligne tourne mieux.

Vérifier régulièrement la présence et l'état des cales de plastique en extrémité de profil, qui peuvent sauter. Le tube alu ne doit pas venir au contact du câble d'étai, sous peine de le limer.

À NE PAS FAIRE

Rouler au près avec de la tension dans l'écoute. Cette méthode en force met de l'arc dans l'étai, force dangereusement sur les systèmes, requiert de la force, et serre la toile autour du profil, à tel point que l'on arrive à bout de bosse avant d'avoir fini d'enrouler.

DIFFÉRENTES RAISONS D'UN BLOCAGE

Lorsque la bosse d'enrouleur a été filée sans contrôle, elle risque de sauter du tambour ou de surpatter.

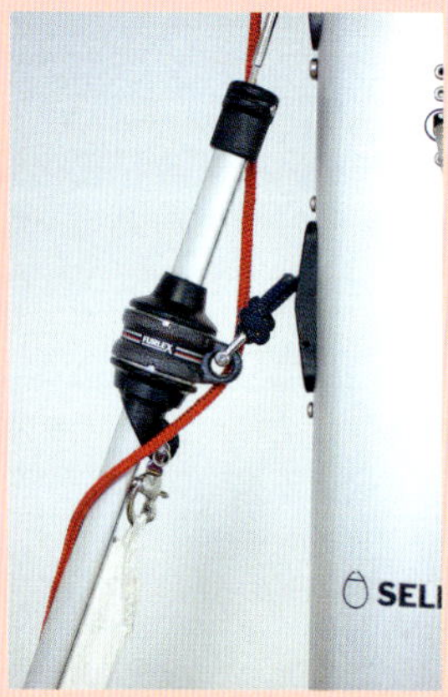

Un grand classique : la drisse de spi bloquant l'émerillon de l'enrouleur de génois.

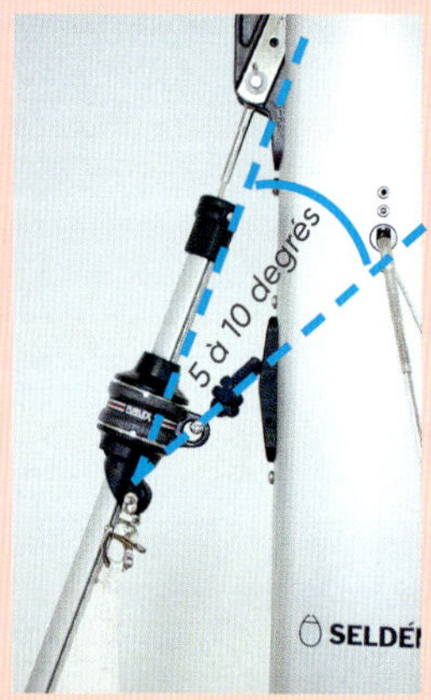

Pour un bon fonctionnement, la drisse de génois doit faire un angle de 5 à 10 degrés avec l'étai.

La méthode pour enrouler

1 *Le foc est libre.*

2 *Le bateau cercle sur place.*

3 *Le foc s'enroule de lui-même.*

4 *Reste à serrer avec un raban.*

24 La **bôme** menace

LAURENT CHARPENTIER

Vent soutenu, mer joliment creusée, le bateau taille la route au portant, les milles défilent, l'humeur est au beau fixe, tout va pour le mieux dans le meilleur des mondes, et pourtant. Il suffit de pas grand-chose, d'une vague croisée, d'une distraction du barreur, d'un hoquet du pilote automatique, pour que le voilier empanne sans préavis. Dans la brise, la bôme présente une réelle menace et, face à ce danger latent, il n'y a pas de parade absolue, juste différentes approches préventives qui ont chacune leurs supporteurs. C'est autant une affaire de vécu et d'expériences que de philosophie personnelle.

La retenue de bôme

Son rôle est d'empêcher la bôme de passer, et c'est ce qui peut sembler le plus rassurant. En cas d'empannage involontaire et brutal, on n'aura blessé personne. Mais la grand-voile va se retrouver à contre, tendant à faire lofer le bateau sous sa nouvelle amure. La difficulté pour le barreur cherchant à reprendre sa route en sera accrue d'autant et, dans le plus scabreux des scénarios, le voilier peut se retrouver bloqué travers au vent, fortement gîté, avec une retenue de bôme encaissant une tension considérable. C'est pourquoi une telle retenue doit impérativement pouvoir être larguée sous tension et choquée progressivement, la meilleure solution consistant à la ramener sur un winch de piano. La retenue frappée sur la bôme à hauteur de l'ancrage de hale-bas et ramenée verticalement au rail de fargue est à proscrire, en raison du bras de levier considérable et du risque réel de casser la bôme. Il est largement préférable de gréer la retenue à l'arrière de l'espar, et de le faire tirer vers l'avant, à hauteur de la cadène de hauban. Certains équipages fixent la retenue sur la bôme par un fusible, constitué d'un cordage plus faible ou d'un raban.

Le frein

C'est la demi-mesure. On n'interdit pas à la bôme de passer, mais on amortit son mouvement de façon à se donner le temps de réagir et à limiter

JEAN-LOUIS GUÉRY

Le bon montage : deux poulies de renvoi suffisamment avancées, et retour des deux brins de la bosse sur les winches de piano.

JEAN-LOUIS GUÉRY

Un frein trop souqué, et on est loin de l'effet recherché.

SYSTÈME 8

JEAN-LOUIS GUÉRY

Certains plaisanciers ne jurent que par le 8, un système déjà ancien utilisé en escalade pour assurer la progression d'un partenaire ou freiner une descente en rappel, qui a pour avantage son coût modique (une dizaine d'euros). Testé par 15 à 20 nœuds de vent sur notre Elan 310, le 8 – ou « descendeur » – a rendu les services attendus, au prix d'une tension de bosse un peu plus importante (et donc d'un risque accru pour la bôme) que pour le frein Wichard.

sa puissance. Deux marques se partagent le marché français. Le frein Walder fonctionne par frottement d'une bosse sur un tambour. Le Gib'Easy de Wichard, inspiré des « descendeurs » d'escalade, se présente comme un peigne. Deux facteurs, pas toujours faciles à évaluer et à paramétrer, influent sur la puissance du frein : la surface de frottement de la bosse sur le dispositif (c'est-à-dire chez Walder le nombre de tours sur le tambour et chez Wichard le nombre de « barrettes » à travers lesquelles passe la bosse), et la tension du cordage.

Si Walder propose différents modèles selon la surface de grand-voile à contrôler (jusqu'à 110 mètres carrés), le Gib'Easy de Wichard atteint sa limite sur les voiles de 40 mètres carrés. Le système est vendu avec un cordage spécifique, dont l'élasticité vise à donner de la progressivité et de la souplesse au système.

L'efficacité du frein suppose que :

→ la bosse soit montée symétriquement, avec les deux points de renvoi (sur le rail de fargue, un pad-eye, les taquets de garde, les cadènes de bas-haubans…) à la même hauteur ;

→ ces points d'ancrage ou de renvoi soient placés le plus en avant possible ; trop reculés, ils conduisent la bosse à se détendre lorsque la bôme pivote, réduisant la friction sur le frein au point de le rendre totalement inopérant ;

→ les deux brins reviennent sur deux winches, de façon à pouvoir ajuster finement les tensions ; dans la pratique, c'est surtout le réglage du brin sous le vent qui s'avère déterminant, et il ne faut pas hésiter à reprendre les réglages après un empannage.

Ne pas brider excessivement l'ensemble : un frein trop puissant a pour résultat de bloquer longuement la grand-voile à contre, cette dernière

JEAN-LOUIS GUÉRY

Le cordage peut sinuer à travers tout ou partie des chicanes, pour un freinage plus ou moins important. A défaut de pontet métallique en arrière du hale-bas, il faudra gréer sur la bôme un brêlage, avec un bout de retenue empêchant le dispositif de glisser vers l'avant.

emmagasinant suffisamment d'énergie pour finalement passer violemment, malgré la présence du dispositif. Et si on étarque encore plus la bosse, le frein se transforme en retenue pure et dure, non sans danger pour la bôme compte tenu du bras de levier. Les avaries dues à des freins de bôme inconsidérément souqués ne sont pas rares, attention à ce que le remède ne soit pas pire que le mal. Notre

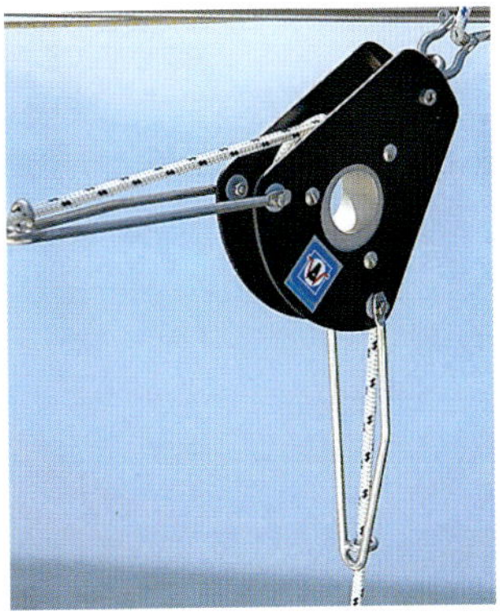

Le frein Walder, qui fonctionne par friction de la bosse sur un tambour, a sur son concurrent l'avantage de pouvoir être monté sur de grosses unités (jusqu'à 110 mètres carrés de grand-voile).

expérience d'une après-midi d'empannages dans une bonne brise (force 4 à 5) confirme qu'il faut multiplier les essais et les ajustements pour tirer le meilleur parti de son frein.

La vigilance accrue

Dans cette dernière approche, on décide d'identifier le danger pour ce qu'il est – la bôme peut traverser le cockpit à tout moment – et de le garder en permanence à l'esprit. En conséquence, on ne se déplace pas sans raison ni précautions sur le pont, on ne se tient jamais debout sur les bancs de cockpit, on bloque la barre d'écoute sous le vent pour éviter que la bôme n'aille trop loin en cas d'empannage, au risque de heurter les haubans. Au besoin, on lofe de dix ou quinze degrés pour s'éloigner de la panne. D'aucuns préfèrent affaler la grand-voile pour descendre dans le vent sous foc seul. Par temps maniable, c'est l'option père peinard, qui n'a d'autre inconvénient que de faire baisser la moyenne. Par forte brise et/ou mer difficile, c'est la méthode la plus sûre : non seulement la bôme ne menace personne, mais le bateau tiré par le nez est comme sur des rails.

25 La bôme est **cassée**

Empannage incontrôlé, départ à l'abattée, retenue de bôme mal placée ou frein trop serré, défaillance matérielle, les façons de casser une bôme ne manquent pas. L'avarie n'est pas rédhibitoire, le bateau pourra continuer à faire route sans bôme, et même porter sa toile de façon convenable, comme nous l'avons vérifié sur l'eau.

Affaler, dégréer, préserver

La bôme vient de casser, il ne faudrait pas de surcroît déchirer la voile, il est urgent d'affaler, après être venu au près ou au bon plein, de façon à déventer complètement la grand-voile et à la ramener au plus près de l'axe du bateau. Une fois les bosses de ris libérées et la grand-voile totalement dégréée de la bôme, on désolidarisera cette dernière du mât (démontage du vit-de-mulet, mais aussi du hale-bas) et du palan de grand-voile. L'espar ou ses tronçons seront ensuite saisis sur le pont, appuyés par exemple sur des défenses. Le cas échéant, on pourra fourrer une cassure agressive avec des chiffons.

Préparer, hisser, régler

Incident maîtrisé, débris proprement rangés, nous voici avec une grand-voile en bordure libre. En l'absence de bôme, il va falloir définir un nouveau point de tire pour le palan d'écoute. La barre d'écoute peut être immédiatement oubliée, qu'elle soit placée sur le rouf ou en fond de cockpit: dans tous les cas de figure, le point de tire est trop avancé, la voile creuse exagérément. Le meilleur moyen pour reculer l'ancrage consiste à gréer une patte-d'oie sur les deux taquets d'amarre arrière, avec un double nœud en huit en son milieu.

Sur de nombreux bateaux, il sera possible de réutiliser le palan de grand-voile d'origine, sinon les solutions de dépannage ne manqueront pas, il suffira de bidouiller un peu. Pour aller au plus vite, nous avons utilisé le système « prêt à l'emploi » du palan d'homme à la mer, opportunément doté d'un mousqueton rapide à chacune de ses extrémités. Compte tenu de la hauteur de la patte-d'oie, le palan doit être inversé pour être manipulé correctement, la poulie à coinceur étant placée en haut côté point d'écoute : on borde ainsi en tirant l'écoute vers le bas.

Tel quel le système est satisfaisant aux allures portantes. Près du vent, le point de tire reste trop avancé, la voile creuse exagérément, rendant le bateau ardent. Tout rentre dans l'ordre en prenant un ris: le point d'écoute avance, l'angle de tire devient

LE BON RÉGLAGE

Une fois le ris pris, la voile retrouve un profil satisfaisant.

cohérent et le profil de la grand-voile est parfaitement contrôlable. En jouant sur la longueur de chacun des brins de la patte-d'oie, on déplace le point de tire sous le vent, ou on le rapproche de l'axe du bateau, comme on le ferait avec une barre d'écoute.

À NE PAS FAIRE

Un nœud de plein poing sur la patte-d'oie, qui serait impossible à dénouer ultérieurement. Préférer un double nœud en huit.

À FAIRE

Gréer le palan avec la poulie avec coinceur au point d'écoute et non à la patte-d'oie. On peut utiliser son poids pour border, dans une position ergonomique. L'altitude de la patte-d'oie est en effet trop élevée pour pouvoir tirer sur l'écoute comme on le ferait classiquement, de bas en haut.

Prendre un ris aux allures proches du vent.

Une grand-voile **en bordure libre**

PHOTOS JEAN-LOUIS GUÉRY

Protéger le pont en rangeant la bôme. Des défenses font parfaitement l'affaire.

Le palan est frappé au centre de la patte-d'oie, sur une boucle confectionnée avec un double nœud en huit.

Réglage de la patte-d'oie : on peut déplacer le point de tire sous le vent, comme avec une barre d'écoute.

Si nécessaire, on peut renvoyer un brin de la patte-d'oie au winch, pour en contrôler la tension.

Haute, la grand-voile est beaucoup trop creuse pour serrer le vent.

La logique commande de gréer le palan d'écoute coinceur en haut.

26 Le **vit-de-mulet** a cédé

Le brêlage en croix ne doit bloquer aucune manœuvre.

PHOTOS JEAN-LOUIS GUÉRY

Vue du brêlage, côté pile.

Ne pas hésiter à multiplier les tours sur le mât.

Et si la bôme est restée intacte, mais que c'est le vit-de-mulet qui a cédé ? Cette articulation entre la bôme et le mât est un talon d'Achille des gréements modernes, car elle n'autorise les mouvements que dans deux axes, vertical et horizontal. Au portant dans la brise et dans la houle, la bôme subit des mouvements de rotation répétés qui forcent sur la pièce. C'est au point qu'avertis par l'expérience, les Glénans prévoient deux vits-de-mulet sur leurs bateaux traversant l'Atlantique.

C'est arrivé

Pas de panique. La voile hissée empêche la bôme de tomber et le hale-bas rigide va également la soutenir. En outre, il est peu probable que cela se produise brutalement. Cela va se faire petit à petit et on aura le temps de s'y préparer.

La grand-voile et le hale-bas rigide empêchent la bôme de tomber. On peut l'écarter du mât pour fourrer son extrémité, puis effectuer le brêlage en faisant attention à ses doigts.

L'objectif sera de démonter ce qui reste du vit-de-mulet et de réaliser un brêlage en croix autour du mât pour suppléer à la défaillance de la pièce. Pour éviter l'usure des espars par frottements, on va fourrer avec des chiffons l'extrémité de la bôme.

Le mode opératoire que nous avons expérimenté est le suivant.

→ Venir au près bon plein et mollir le hale-bas pour réduire la compression sur le vit-de-mulet. Si cela ne suffit pas, choquer la grand-voile à la demande. Il faut donner suffisamment de jeu pour pouvoir écarter la bôme du mât, afin de dégager la pièce cassée et effectuer un fourrage propre.
→ Cela fait, avec un bout de diamètre 8 ou 10 millimètres d'environ 6 mètres, faire un nœud de cabestan sur la bôme, un autre sur le mât et brêler en croix en faisant des tours morts. Veiller à ce que le brêlage passe sous les drisses et ne bloque aucune manœuvre. Choisir un cordage qui ne s'étire pas.

L'AVIS DU GRÉEUR

« **Les avaries de vit-de-mulet sont effectivement fréquentes.** Dans la houle, les bômes travaillent en torsion sur une pièce qui n'a pas de mouvement. Ce n'est pas la pièce centrale du vit-de-mulet qui casse le plus souvent, mais plutôt l'œil de l'embout de bôme qui se fissure, ou les rivets tenant l'ensemble sur le mât qui sautent.»

Dans ce deuxième cas, sans popeuse ni rivets de rechange sous la main, on pourra toujours maintenir la ferrure du vit-de-mulet sur le mât par un cerclage très serré de Dyneema, sans hésiter à multiplier les tours.

La réparation de fortune permet de faire route par temps maniable. Veiller pendant la réalisation à ne pas glisser les doigts entre l'extrémité de bôme et le mât. Si le vent est trop fort, attendre. S'il faut changer d'amure, éviter d'empanner et virer doucement vent debout, ce n'est qu'un dispositif d'attente. Si l'on doit réduire la grand-voile, le plus simple et le plus sage sera de déposer la bôme et de faire comme si elle était cassée *(voir pages précédentes)*.

27 Le **mât** est tombé

Si l'incident se produit près de la terre, on pourra envisager de rentrer au moteur. Mais lorsque le démâtage survient au large, impossible d'y couper, il faut monter un gréement de fortune. Il y a la théorie, le bon sens, le témoignage de ceux qui sont passés par là avant nous, et la réalité du moment : force est de se débrouiller avec les moyens du bord, ce qui signifie, en pareille circonstance, avec ce qu'on a réussi à sauver comme voiles et comme espars. Plutôt que de faire de grands dessins, nous nous sommes attaqués à des travaux pratiques, certes sans stress et en eaux abritées. Si notre expérience ne prétend pas à l'universalité, elle pourra fournir des pistes et des enseignements utiles.

Dans ces situations, il faut évidemment garder son sang-froid, mais aussi donner libre cours à l'imagination collective. Ne pas hésiter à multiplier les essais et les configurations de voilure.

Dégager le gréement

La première préoccupation est de dégager tout ce qui traîne dans l'eau et menace de percer la coque. Avant de couper quoi que ce soit, il peut être judicieux de ligaturer l'essentiel contre le bordé, avec une aussière passée en double. L'objectif étant à la fois de réduire les coups de boutoir le temps de couper drisses et haubans retenant les débris du gréement, et de se donner une chance ultérieure d'en récupérer le maximum. Au pire, s'il s'avère impossible de remonter quoi que ce soit à bord, on pourra tout larguer d'un coup, plutôt que de laisser des éléments épars vivre leur vie au gré des vagues et revenir menacer le bateau à chaque aller-retour. Dans l'atelier de Technique Gréement à Concarneau, nous avons voulu tester l'efficacité

de la pince coupe-haubans. L'expérience est édifiante : dans une utilisation « normale » de l'outil, il s'est avéré impossible de cisailler un hauban monotoron de 7 millimètres (correspondant à un petit croiseur). La seule solution a consisté à empoigner à deux mains l'une des branches de la pince, d'appuyer l'autre sur le sol et de peser par à-coups, de tout son poids. Inimaginable sur le pont d'un bateau. A la rigueur, un authentique coupe-boulons démultiplié (et de bonne taille!) pourra faire l'affaire.
Les mouvements à la mer d'un voilier démâté sont brutaux, plus que jamais il faut savoir garder une main pour soi et une main pour le bateau, et tous les témoignages concordent : le meilleur outil pour couper le câble reste la scie à métaux, sous réserve de disposer d'un outil digne de ce nom et de lames de qualité en nombre suffisant. Certains skippers embarquent une disqueuse à accus. On peut parfois gagner à dévisser les ridoirs plutôt que cisailler les haubans. Les régatiers qui bloquent les cages de ridoir avec des transfilages textiles ou des anneaux brisés ont dans ces moments-là un net avantage sur ceux qui s'en tiennent toujours à la bonne vieille goupille.

Monter un gréement de fortune

Sur notre Elan 31, nous avons gardé la bôme et le tangon. La solution s'imposait d'un gréement bipode, par brêlage en croix des deux espars.

*Brêlage liant bôme et tangon.
Nous avons vite compris qu'il faudrait travailler dans le cockpit, la plage avant étant trop étroite.*

Du côté du vit-de-mulet de la bôme, une poulie a été gréée pour passer une drisse. L'autre extrémité, plus plane et moins agressive, a été mise en appui sur le pont. La question ne s'est pas posée pour le tangon qui est symétrique.

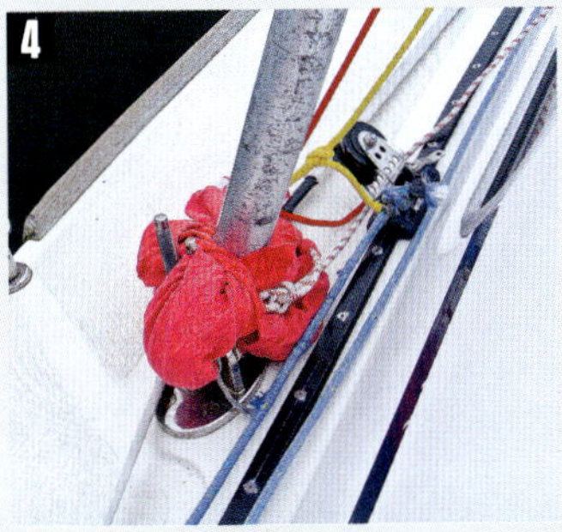

L'écartement du bipode a été réglé pour prendre appui sur les cadènes de haubans, seuls points fixes solides. Pour préserver le pont, les deux pieds ont été fourrés avec des chiffons et ligaturés sur les cadènes avec du Dyneema.

5

PHOTOS JEAN-LOUIS GUERY

C'est une bosse de ris renvoyée sur une poulie ouvrante à l'étrave, puis ramenée à un winch, qui a permis de redresser le gréement. Une fois en place, il a été facile de raidir le nouveau haubanage à l'aide des trois winches.

6

Les deux espars étant de longueur différente, c'est celle du tangon qui a déterminé la hauteur du brêlage. Ainsi, la tête du gréement de fortune est décentrée sur bâbord, ce qui n'a pas posé de problème particulier en navigation.

7

Le tourmentin a été endraillé à l'envers sur l'étai (point de drisse à l'étrave). L'autre voile est un foc, hissé de la même manière. Elle est munie d'une écoute directement nouée sur la toile avec un nœud de cabestan.

8

Une fois la toile établie, le bateau est capable de faire route entre deux et trois nœuds par brise modérée. Les virements de bord ne posent pas de problème, à part la nécessité d'affaler la « grand-voile » pour la renvoyer sous l'autre amure.

Monter son gréement de fortune

Il n'y a pas de recette miracle, juste des façons de s'adapter aux situations rencontrées. Qu'a-t-il fallu abandonner, qu'a-t-on pu récupérer? A quelle hauteur le tube s'est-il rompu, reste-t-il un tronçon de mât implanté dans l'étambrai? Dresser un bout d'espar à la verticale – et le faire tenir pour qu'il supporte des voiles – n'a rien d'évident. La cause est beaucoup moins désespérée lorsqu'on a sous la main deux espars, ou deux morceaux.

Prendre son temps, se donner les moyens

Conception et réalisation du gréement de fortune nous ont pris environ deux heures, en nous donnant cette facilité de réaliser au préalable un test à blanc dans le port de Concarneau. Nous n'étions pas soumis à la pression des événements, le vent était modéré, la mer calme. Dans des conditions réelles, l'exercice pourra s'avérer beaucoup plus long, et après avoir géré l'urgence (c'est-à-dire libéré ce qui peut endommager la coque), il faudra souvent attendre l'accalmie pour pouvoir travailler efficacement sur le pont à établir un gréement de fortune. Avec la généralisation des spis asymétriques, qui en croisière ont détrôné le gréement de spi classique, le tangon tend à se faire rare sur le pont des voiliers. Et pourtant… indispensable pour naviguer voiles en ciseaux (configuration confortable et sûre au portant dans la brise), il peut s'avérer salutaire dans les situations compliquées.

Faute de pouvoir monter un bipode, il faudra étudier d'autres solutions : la bôme peut être posée sur l'emplanture de mât, ou encore, dans le cas d'un mât traversant, ligaturée à un tronçon de mât encore en place. Il faut savoir laisser libre court à l'imagination, jusque dans la façon d'établir les voiles, qui peuvent être parfaitement être hissées tête en bas ou devant-derrière.

Cette réflexion sur l'éventualité d'un démâtage conduit par ailleurs à se poser des questions sur le jeu de voiles nécessaire dans un programme de croisière un peu sérieux. Le tourmentin, seul à permettre de faire route correctement dans le mauvais temps, ne devrait jamais faire l'objet d'une impasse, quitte à opter pour la solution « storm-bag » lorsqu'on n'a d'autre solution que de l'envoyer sur l'enrouleur de génois. Une trinquette, à endrailler éventuellement sur un bas-étai largable, fait une voile de brise autrement efficace qu'un génois partiellement roulé qui poche et creuse à tout va. Ces deux voiles ont toute leur place à bord, et on sera d'autant plus heureux de les avoir sous la main si un jour le mât tombe et qu'au moment de tout couper le génois part au fond avec l'étai, tandis que la grand-voile solidaire de plusieurs tronçons d'espars enchevêtrés est, elle aussi, irrécupérable.

À FAIRE

Inspecter régulièrement son gréement, notamment la fixation des ridoirs et les extrémités des câbles. Deux indices sont à rechercher : un toron coupé, ou l'apparition d'un cercle non oxydé après une zone tachée de rouille en sortie de sertissage, qui signale que le câble commence à glisser dans son manchon. Il est temps de changer le hauban incriminé.

Il est préconisé de changer le gréement dormant tous les dix ans. Ce cycle est raccourci pour l'étai s'il est muni d'un enrouleur.

À NE PAS FAIRE

Démarrer le moteur après un démâtage sans s'être assuré que plus rien ne traîne à l'eau. Il ne faudrait pas ajouter au désastre en bloquant un cordage ou un câble dans l'hélice.

28 Le stock de **manilles est épuisé**

Plus de manille sous la main ? Ou tout du moins pas le modèle dont on aurait vraiment besoin sur le moment ? Le Dyneema est notre ami. Aussi résistant que l'acier, hydrophobe, le polyéthylène haut module vendu sous l'appellation Dyneema (ou Spectra, dénomination outre-Atlantique) est la vedette des fibres modernes dont l'usage se généralise à bord des voiliers. Ses qualités et la facilité avec laquelle il se travaille ont remis au goût du jour les techniques de matelotage, et redonné ses lettres de noblesse à l'erse à bouton souvent vulgarisée sous le nom de manille textile. Si la réalisation du bouton – un nœud de sifflet de bosco – réclame un peu de dextérité, les autres étapes de ce matelotage sont d'une simplicité confondante. Avec une tresse en âme pure de Dyneema de 4 millimètres, une aiguille creuse et un tout petit peu de pratique, on réalise soi-même ses manilles à la demande, de toutes les longueurs possibles. Le pas à pas ci-dessus décrit les onze étapes d'une technique dont on ne se lasse plus à bord lorsqu'on la maîtrise.

À FAIRE

Utiliser du Dyneema ensimé, c'est-à-dire imprégné d'un enduit améliorant la cohésion de la tresse et sa résistance à l'abrasion.

Serrer fortement le nœud de sifflet de bosco qui verrouille l'erse, et souder soigneusement ses extrémités au briquet. Le bouton est le maillon faible de la manille textile, il ne doit surtout pas glisser et se dénouer.

À NE PAS FAIRE

Recourir à une manille textile pour une fixation sur la durée. Dans cette optique, on préférera réaliser une ride (dite aussi lashing) avec plusieurs allers-retours de Dyneema bloqués par des demi-clés et un nœud d'arrêt.

1

PHOTOS LAURENT CHARPENTIER

Avant d'introduire l'aiguille creuse dans la tresse, on aura déterminé la longueur utile d'utilisation : il s'agit de la partie où la tresse se retrouve doublée.

2

Et, bien sûr, on aura veillé à faire en sorte qu'une fois confectionné un œil de petite taille, on puisse disposer d'une longueur suffisante pour nouer le bouton : au moins 20 centimètres par brin.

3

Les deux brins sortent entre les doigts et tournent l'un autour de l'autre en respectant la symétrie.

4

Et chaque brin sera conduit sous lui-même. On s'efforce de faire en sorte que les brins ne subissent pas de torsion sur eux-mêmes.

5

Le nœud de carrick est noué pour pouvoir être transformé en volume : les deux brins sortent par-dessus et diagonalement opposés l'un par rapport à l'autre.

6
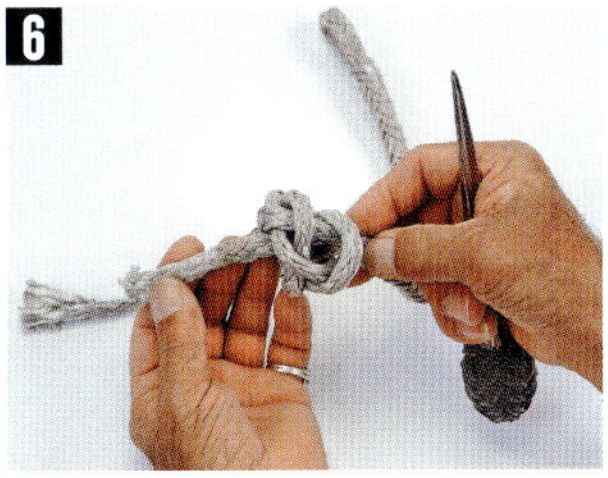

Les deux brins sortent par-dessus et sont conduits de nouveau sur les dormants opposés pour finir leur course au centre du nouage et se retrouver ensemble et parallèles.

7
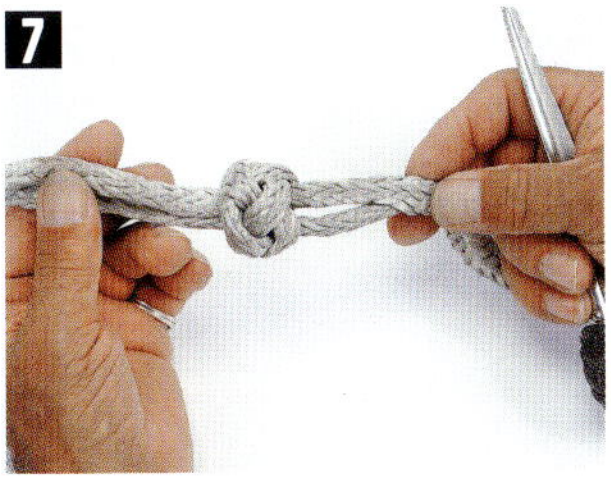

On veille à obtenir une sphère uniforme, indispensable à un serrage efficace. Et l'on s'est réservé un espace entre la tresse doublée et le bouton.

8

Pour une bonne utilisation de notre erse, le serrage doit être parfait, sous peine de voir le bouton se déformer. On procède ganse par ganse avec un petit épissoir, en saisissant les brins avec…

9

… le pouce. La rotation du poignet fournit à la fois force et précision. L'idéal est de changer de brin à chaque opération jusqu'à obtenir ce serrage avec un bouton devenu dur comme du bois.

10

Après avoir coupé et soudé les extrémités, on peut exploiter utilement l'espace entre la tresse doublée et le bouton. On saisit le point de fixation et on conduit l'œil à travers…

11

… cet espace. Notre erse est maintenant solidaire de son point de fixation. L'œil peut, après avoir saisi ce qu'on veut, revenir se fermer et se verrouiller sur le bouton.

Malango 870
JRC
ERSION QUILLE RELEVABLE
Malango
www.idbmarine.com

3
COQUE & APPARAUX

Dans le dur
des problèmes

Par Jean-Yves Béquignon, et Frédéric Augendre.

LAURENT CHARPENTIER

Echouer est parfois indispensable pour inspecter les œuvres vives, le gouvernail ou l'hélice.

Dans le dur des problèmes

Les sujets dont il est ici question touchent au « dur » du bateau, c'est-à-dire sa coque et ses périphériques, au premier rang desquels l'appareil à gouverner, mais aussi le guindeau, le loch, les passe-coque, les réservoirs d'eau potable ou les WC marins, siège d'ennuis désagréables lors de nombreuses croisières. Comment remonter l'ancre en équipage réduit ou sans gros bras à bord lorsque le guindeau refuse tout service ? Comme dans bien d'autres domaines en navigation, c'est d'abord affaire de patience et de méthode, et les systèmes les plus simples sont parfois les plus efficaces : deux anneaux de cordelette et deux mousquetons permettent de venir à bout du problème, comme nous l'avons vérifié in situ. De même avons-nous testé la confection d'un gouvernail de fortune, monté sur un voilier débarrassé de son safran et non barre bloquée dans l'axe, artifice qui ne nous aurait pas permis de reproduire fidèlement le comportement d'un bateau privé de gouvernes. Le traitement des voies d'eau s'appuie sur un test réalisé par la rédaction de *Voiles et Voiliers*, lors duquel un Sylphe avait été éventré. Et parce qu'il y a des circonstances où les interventions sur la coque ou ses apparaux justifient de mettre le bateau au sec, ce chapitre revisite la manœuvre d'échouage à quai, moins usitée depuis que le carénage est interdit hors des zones réservées, mais toujours pertinente.

29 Le **guindeau** est en rade

« *Si le mouillage est trop lourd pour l'équipage, c'est que l'équipage est trop léger pour le bateau.* » Voici ce qui se disait aux Glénans à l'époque héroïque. Mais c'était avant… le guindeau. Quand, sur un 35 pieds mouillé par 10 mètres de profondeur avec 40 mètres de chaîne à l'eau, le guindeau refuse tout service et que l'on navigue en couple, on a tout le temps de méditer la sagesse du dicton. A moins de savoir bosser sur une chaîne, unique solution pour parer la défaillance de l'appareil.

D'où vient la panne ?

Le guindeau est un équipement robuste, qui ne tombe pas en panne tous les quatre matins. S'il refuse ses services, d'abord analyser le problème.
Electrique : le disjoncteur est-il fermé ? Le moteur est-il en route ? Sur certains bateaux, pour préserver les batteries, le guindeau n'est alimenté que si le moteur tourne. La télécommande est-elle bien branchée ? Le connecteur peut être humide ou insuffisamment enfoncé.
Mécanique : le moteur du guindeau tourne mais n'entraîne pas le barbotin ; le frein est-il serré ?
Fonctionnelle : le barbotin tourne mais n'agrippe pas la chaîne. Celle-ci est trop usée ou du mauvais calibre. Pire, le dysfonctionnement est suffisamment ancien pour qu'à la longue les dents du barbotin soient rongées. A part râler et prévoir une intervention technique au prochain port, pas d'autre issue que de bosser, au sens maritime du terme.
A savoir pour briller sur les pontons : le barbotin est la couronne dans laquelle viennent se caler les mailles de la chaîne. Elle porte le nom de son inventeur, le capitaine de vaisseau Benoît Barbotin (1793-1871), rescapé de la *Méduse*, qui mit le système au point au milieu du XIXe siècle. Si l'axe qui entraîne le barbotin est vertical, il s'agit d'un cabestan.

Question de patience

En bossant la chaîne, et en renvoyant la bosse sur un winch primaire du cockpit, on va pouvoir remonter l'ancre étape par étape. Cela s'avère plus long qu'avec le guindeau puisqu'on ne gagne environ qu'une demi-longueur de bateau avant de devoir déplacer la bosse. Outre la patience, l'opération requiert de la méthode, car il va falloir bloquer provisoirement la chaîne à chaque déplacement de la bosse. Mais elle s'effectue sans débauche de force et c'est bien le but de la manœuvre.

La méthode des anneaux

La meilleure méthode consiste à utiliser :
→ Deux anneaux de cordelette : l'un pour tirer sur la chaîne, l'autre pour la bloquer quand le premier arrive en butée sur la poulie de renvoi. Pour tester leur résistance, nous avons forcé en arrière au moteur sur un Salona 37. Le bout donné pour 1,2 tonne de traction n'a pas bronché.
→ Une écoute solidaire de l'anneau de bosse qui fera retour sur un des winches arrière en passant dans un filoir ou une poulie ouvrante.
→ Un mousqueton qui assurera la jonction anneau-écoute, pour éviter d'avoir à défaire et refaire à chaque fois un nœud de chaise.

À FAIRE

Mettre des bottes ou chaussures fermées et des gants.

À NE PAS FAIRE

Manipuler une ancre avec des bagues, bijoux ou collier.

JEAN-LOUIS GUÉRY

Si le bateau est trop lourd pour virer le mouillage à la main, armez-vous de patience et de méthode.

Remonter l'ancre au winch

D.R.

Si, au moment de quitter le mouillage, le guindeau refuse tout service, l'utilisation de deux anneaux de cordelette va vous tirer d'affaire.

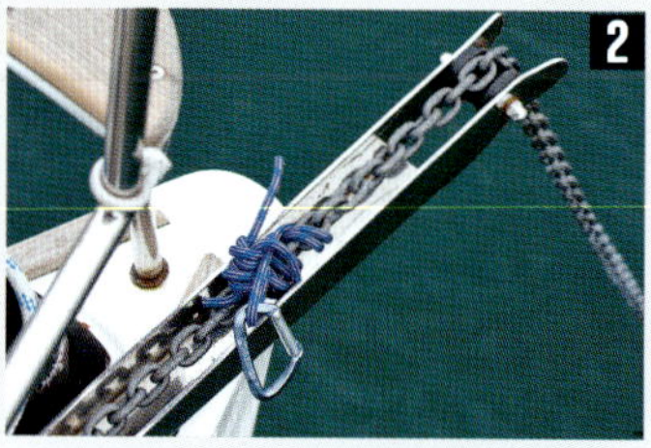

PHOTOS JEAN-LOUIS GUÉRY

Le premier anneau de cordelette est bossé sur la chaîne par un nœud de Machard. On y croche le mousqueton.

L'écoute est reliée à l'anneau de bosse par le mousqueton. On winche pour commencer à remonter la chaîne.

Un équipier à l'avant guide la chaîne et l'écarte d'éventuels obstacles. C'est aussi lui qui va déplacer les anneaux de cordelette.

Le deuxième anneau bloque la chaîne sur un taquet d'étrave. Si l'on préfère, on peut remplacer le nœud de Machard par une simple tête d'alouette.

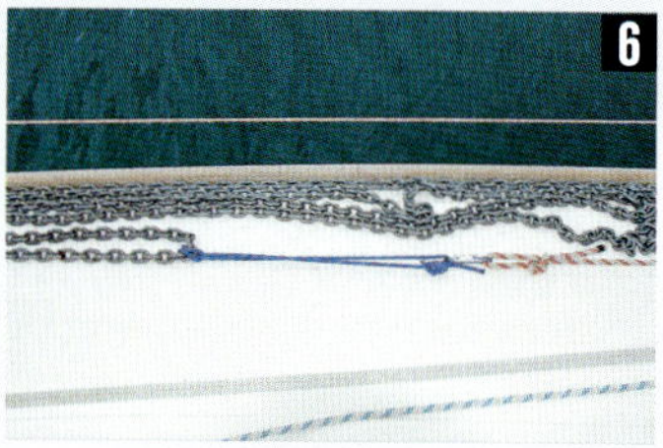

La première cordelette a été ramenée à l'avant, on a repris au winch cinq mètres de chaîne supplémentaires. Cette dernière se range toute seule le long du pavois.

30 Le **loch** est bloqué

On appareille, les instruments sont alimentés, on prend de l'erre et le speedo s'obstine à afficher une vitesse nulle. Pourtant il fonctionnait très bien jusqu'à l'accostage. Cela ne peut venir que du capteur, la petite roue à godets qui d'ordinaire pédale sous la coque mais qui doit être bloquée.
Une saleté est probablement venue se coincer dans la roue. On peut tenter de la dégager, une fois en eaux libres, en effectuant une marche arrière. Mais si le bateau est resté longtemps au port, la roue à aubes est probablement encombrée d'algues ou de minuscules coquillages, quand elle n'a pas embarqué un morceau de fil de pêche. Il va falloir nettoyer le capteur.
Le retrait de la sonde de loch peut être intimidant lorsqu'on tente l'expérience pour la première fois, mais pas de panique, on n'embarquera pas plus de quelques décilitres d'eau. Une fois préparés seau et éponge, on se munit du bouchon de passe-coque dûment graissé avec un produit siliconé, on dévisse la tête de la sonde et on extrait cette dernière en tirant doucement vers le haut. Le temps d'installer le bouchon, on peut étouffer le geyser avec le plat de la main. Certains passe-coque sont munis d'un clapet anti-retour évitant de se faire asperger, mais qui ne dispense pas de mettre le bouchon en place. Une fois le capuchon de ce dernier correctement vissé, on peut s'attaquer au nettoyage de la sonde, l'outil le plus adapté étant la brosse à dents. Avant de remettre le loch en place, pulvériser un produit lubrifiant-dégrippant sur la roue et son axe, et réenduire de silicone le corps de la sonde et ses joints toriques.

F. AUGENDRE

Sonde de loch. Avant de la retirer, préparez éponge et seau... Sans oublier le bouchon du passe-coque !

À FAIRE

Enlever le capteur de loch quand le voilier reste à quai entre deux croisières.

Le retirer systématiquement en cas de levage sous des sangles et, pour les dériveurs, avant échouage.

Peindre d'antifouling l'extérieur du passe-coque, la sonde se retrouvant ainsi protégée par voisinage.

31 Une **drosse de barre** s'est rompue

Confronté à une rupture de drosse, un couple de lecteurs de *Voiles et Voiliers* avait réparé à plusieurs reprises avec ce qu'ils avaient sous la main, jusqu'à relier la barre à roue au secteur du gouvernail… par du fil électrique *(VV n° 419, rubrique « Ça vous est arrivé »)*. Faute de câble acier, on pourra monter une drosse textile. Les cordages les moins élastiques sont les écoutes et les drisses, c'est de ce côté-ci qu'il faudra chercher. Si le bateau est équipé de cordages à très faible élasticité en fibres de type Vectran ou Technora, ce sera encore mieux. Pour réduire le diamètre mais aussi faciliter le travail de matelotage, on pourra dégainer et utiliser juste l'âme. Le matelotage photographié utilise l'âme en Black Technora d'une drisse. La cosse-cœur récupérée sur la drosse d'origine permet de réaliser une terminaison propre, et l'épissure est verrouillée par une surliure. Cette drosse de secours est prolongée par une fine tresse de Dyneema, fixée par une épissure « bloquée » (la tresse est préalablement piquée deux fois à travers elle-même). Une fois la drosse en place sur le secteur, on utilisera ce bout de Dyneema pour la fixer et la tendre, avec une série d'allers-retours verrouillés par des demi-clés, en lieu et place de la vis sans fin ou du ridoir qui assurait la tension de la drosse d'origine.

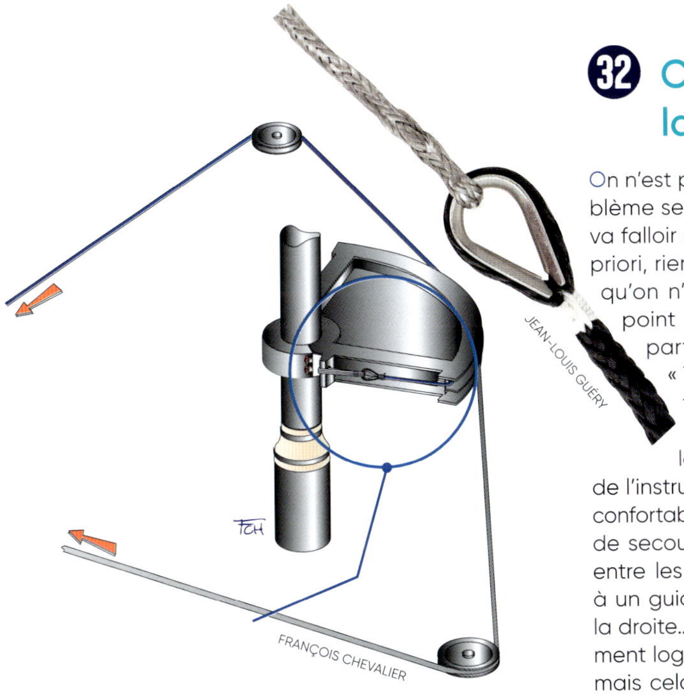

L'âme d'une drisse à faible allongement (ici du Black Technora) constitue une excellente drosse de secours. On a réalisé à l'extrémité une épissure sur cosse-cœur, avec une surliure d'arrêt. On l'a rallongée par une tresse de Dyneema, avec épissure bloquée, qui assurera la fixation et la mise en tension sur le secteur de barre.

32 Comment marche la **barre de secours ?**

On n'est pas parvenu à réparer la drosse, ou le problème se situe ailleurs dans le système de barre, il va falloir se résoudre à sortir la barre de secours. A priori, rien de bien extravagant, et pourtant : tant qu'on n'a pas essayé, on ne réalise pas à quel point son usage est malcommode. Sur la plupart des voiliers, elle se présente comme un « T », à greffer sur le carré de barre fixé à la tête de la mèche de safran.

Selon l'emplacement de cette dernière et la configuration du cockpit, la manipulation de l'instrument implique une position plus ou moins confortable. Le plus déstabilisant est que cette barre de secours semble fonctionner « à l'envers » : on a entre les mains un tube qui pourrait s'apparenter à un guidon de vélo, mais lorsqu'on le tourne vers la droite… le bateau part à gauche. C'est parfaitement logique si l'on songe à l'orientation du safran, mais cela reste anti-naturel, et il faut lutter contre ses réflexes le temps de s'y accoutumer.

L'exercice est physiquement exigeant, compte tenu de la faible largeur du « T » rapporté aux efforts du gouvernail. On pourra se simplifier la tâche en lui greffant une rallonge, par exemple en y ligaturant la gaffe. Réduire la toile sera peut-être nécessaire. Mais la meilleure barre de secours reste le pilote automatique, pourvu qu'il soit raccordé au secteur de barre et que ce dernier soit intact. C'est le moment de réduire les autres dépenses électriques du bord, pour lui consacrer l'essentiel des ressources.

LAURENT CHARPENTIER

Le maniement de la barre de secours est relativement physique… et pas forcément naturel.

33 Le gouvernail s'est fait la belle

La perte du safran, par arrachement ou délaminage, est à compter au nombre des avaries potentielles, en témoigne la rubrique « Ça vous est arrivé » de *Voiles et Voiliers*. C'est aussi arrivé aux Glénans, notamment lors d'une transat vers les Antilles. Dans ces moments-là, on se félicite d'avoir prévu large en vivres et eau potable, car la moyenne va baisser et la durée de la traversée va sensiblement s'allonger. Il n'empêche : tant pis si c'est à vitesse réduite, on va pouvoir continuer à gouverner, avec un safran de fortune.

Brainstorming

Il n'y a ni solution miracle ni schéma imposé, juste une palette de solutions à mettre en œuvre et à adapter au matériel et à l'outillage disponible à bord, et à la configuration du bateau. La méthode la plus classique consiste à réaliser un grossier aviron de queue. Les moindres panneaux de bois (porte découpée, couvercle des coffres de banquette, planchers…) pourront constituer la pelle. Pour le manche, le tangon est l'espar le plus adapté, pour ne pas dire incontournable. De notre point de vue, il est indispensable à bord, même sans spi symétrique, ne serait-ce que pour tangonner le génois. Un zeste d'imagination, un peu de réflexion et de confrontation des points de vue, un croquis sur un coin de table, et nous nous sommes lancés, avec pour support d'expérience un Elan 31 des Glénans débarrassé de son safran : il n'était pas question de faire nos essais avec la barre amarrée dans l'axe, mais bien de tester le pilotage d'un bateau au plan anti-dérive et au comportement modifiés par l'absence de gouvernail.

Première intuition : construire une pelle avec deux joues, plus ou moins symétrique, plutôt qu'une planche unique qui aurait travaillé à l'arrachement sur l'un des deux côtés.

Deuxième décision : prendre des planchers plutôt que d'avoir à scier une porte en deux. Ceux de l'avant du bateau ont une forme plus ou moins triangulaire et une surface raisonnable.

Troisième idée : réaliser un safran compensé, avec une partie de la surface de la pelle en avant de l'axe constitué par le tangon, pour réduire les efforts du barreur.

Quatrième principe : faire simple, en imaginant avoir peu de matériel sous la main; de bons brêlages avec du cordage solide, de préférence au boulonnage et à la tige filetée. Et pour finir, une conviction : notre gouvernail aurait tendance à sortir de l'eau, il faudrait le forcer à plonger par un système de drosses.

Réalisation

Outre une perceuse électrique avec une mèche de 10 millimètres, nous n'avons utilisé que du bout classique (une bosse de ris de 6 mètres de long) et du Dyneema.

Notre recette a été la suivante :

1- Superposer les deux planchers, déterminer le bord d'attaque et de fuite.

2- Présenter le tangon sur le plancher dont il sera solidaire, grosso modo en diagonale, en prévoyant la compensation sur l'avant. Pointer, puis percer les trous en quinconce qui permettront de le lacer.

3- Pointer sur ce même plancher les trous nécessaires pour passer le transfilage qui permettra de coudre le bord d'attaque et le bord de fuite. Percer.

4- Superposer à nouveau les deux planchers, pointer pour faire des trous symétriques, puis percer le deuxième plancher.

5- Sur le premier plancher, lacer étroitement le tangon avec du Dyneema. Le transfilage passe d'abord dans les ancrages de balancine et de hale-bas sur la mâchoire de tangon, de façon à bloquer l'espar en rotation.

6- Présenter le deuxième plancher. Coudre avec un transfilage de bout le bord d'attaque, en rendant jointifs les bords des planchers.
7- Coudre le bord de fuite par transfilage.
Le gouvernail est terminé, la bonne surprise est qu'il est profilé, avec un bord d'attaque pincé, ce qui devrait réduire sa traînée. Pour fixer les drosses qui vont avoir pour double fonction de maintenir la pelle immergée et d'aider à l'orienter latéralement, nous avons placé une manille textile à l'extrémité basse du bord d'attaque. Compter trois heures pour réaliser l'ensemble.

PHOTOS JEAN-LOUIS GUÉRY

Deux morceaux de planchers, un tangon et une bosse de ris suffisent à construire un safran provisoire, pour rallier un abri.

Construire un safran de fortune

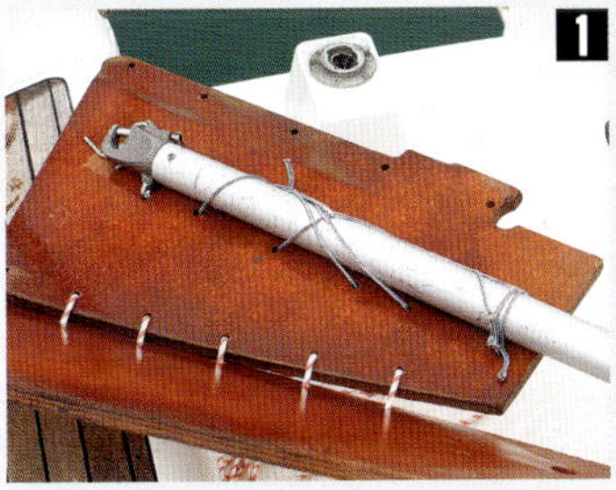

Le tangon fixé au premier plancher par un laçage serré en Dyneema.

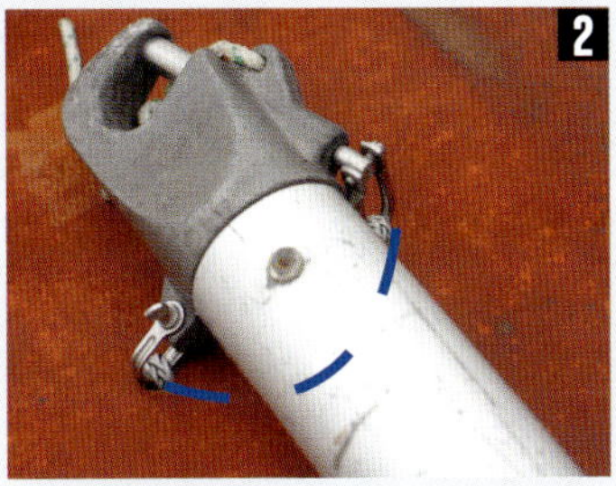

Pour bloquer le tube en rotation, le transfilage (qui passe de l'autre côté de la planche, selon les pointillés) commence par immobiliser la ferrure.

Le bord de fuite (en haut) et le bord d'attaque.

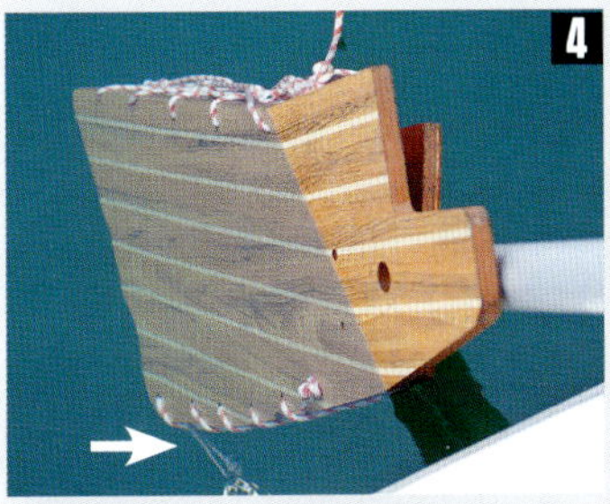

Les mousquetons de bras de spi sont fixés sur la manille textile (voir flèche) placée au bas de la pelle.

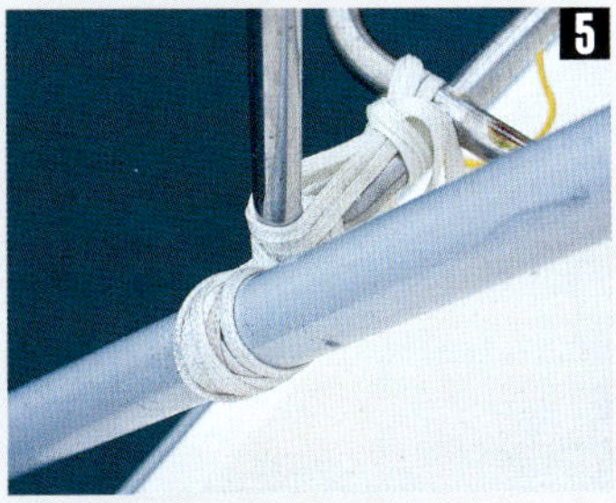

Le safran est fixé sur le ber du radeau de survie avec un brêlage en textile.

Les drosses soulagent les efforts du barreur, qui n'a pas d'autre choix que de travailler debout.

Installation

Les bras de spi ont fait office de drosses nécessaires à maintenir la pelle immergée. Les mousquetons sont crochés dans la manille textile. Les bras passent sous la voûte, reviennent au maître bau sur les barbers de spi (on aurait pu utiliser des poulies volantes ou tout autre système de renvoi) et font retour sur les winches de génois. Compte tenu de la configuration de l'Elan 31, avec un arrière ouvert et une jupe, le gouvernail a été fixé par un brêlage de sangle sur le berceau du radeau de survie. Un pied du balcon ou un taquet d'amarrage aurait fait l'affaire, il n'est pas indispensable de se placer dans l'axe du bateau, l'essentiel étant de prendre appui sur un point fixe.

Essai sur l'eau

Dès que le bateau a pris de la vitesse sous voiles, la pelle a voulu comme prévu sortir de l'eau et il a fallu reprendre la tension des drosses pour l'en empêcher. Cela fait, nous avons été agréablement surpris par la facilité avec laquelle nous avons pu gouverner. Certes, le vent ne dépassait pas 8-10 nœuds, cependant le voilier marchait à 3,5 nœuds et nous avons pu virer, empanner et gouverner de façon suffisamment précise pour suivre le chenal d'accès à Concarneau. Cerise sur le gâteau, il s'est avéré qu'en complément des mouvements latéraux imprimés au timon pour abattre ou lofer, il était possible de faire tourner le tube dans la main, la pelle agissant alors en rotation comme un safran. Par vent soutenu et mer formée, ce sera forcément une autre paire de manches, et au-delà de l'action sur le gouvernail de fortune il faudra agir sur les voiles, et se rappeler le cas échéant les cours de navigation sans safran à l'école de voile. La gîte et/ou une assiette piquée encouragent le bateau à lofer, la contre-gîte et/ou une assiette cabrée favorisent l'abattée. Toutes choses égales par ailleurs, le foc fait abattre, la grand-voile fait lofer. Ne pas oublier que le safran fait partie du plan anti-dérive du voilier, et que s'il disparaît, le centre anti- dérive va avancer et le bateau devenir naturellement ardent. On réduira donc en premier la grand-voile, et l'on cherchera à garder de la toile sur l'avant.

S'aider avec des traînards

Faute de pouvoir monter un gouvernail de fortune, ou même pour compléter son action, on peut chercher à garder le voilier en ligne en traînant des aussières, éventuellement lestées avec de la chaîne, ou complétées d'une ancre flottante. Les cordages seuls peuvent être ramenés en double,

Par vent de 8 à 10 nœuds, le gouvernail de fortune s'est avéré efficace. Par vent soutenu et mer formée, il faudrait agir sur les voiles pour équilibrer le bateau.

C'est grâce à notre gouvernail de secours que nous avons pu nous présenter devant le chenal d'entrée de Concarneau.

la boucle augmentant l'effet de frein. Ne pas hésiter à mettre beaucoup de longueur en raboutant plusieurs cordages. Pour être efficace, le traînard doit aller au-delà de la crête des vagues derrière le bateau, c'est-à-dire présenter une longueur au moins égale à la fréquence de la houle.
En déplaçant d'un bord ou de l'autre le point d'ancrage des traînards, on pourra tenter de modifier le cap du bateau. Ce système seul ne permettra pas de remonter contre le vent, mais au moins de s'orienter au portant. Victime d'une avarie de gouvernail en convoyage vers la Corse, le Tricat de *Voiles et Voiliers* avait ainsi réussi à regagner un port du continent, par grosse brise et mer formée, en gardant un petit bout de foc.

34 Une **voie d'eau** à bord

PHOTOS LAURENT CHARPENTIER

Dans une brèche de 20 centimètres de long, l'eau pénètre à une vitesse impressionnante.

Une contre-plaque chargée de mastic à prise rapide est une très bonne parade.

Que l'on se rassure pour commencer, la voie d'eau est un événement rarissime. Cela n'interdit pas de s'y être préparé, et d'avoir une petite idée de la façon d'y faire face, car lorsque l'eau envahit le bateau cela peut aller très vite. Au-delà du premier réflexe consistant à démarrer le moteur et mettre en service la pompe de cale, comment obstruer l'ouverture ?

Indispensables pinoches

La division 240 définissant *« les dispositions en matière de sécurité »* pour *« les navires de plaisance »* de moins de 24 mètres ne fait plus aucune obligation d'embarquer un moyen de lutter contre une voie d'eau. Il en est pourtant un qui a longtemps figuré dans la liste du matériel d'armement imposé, et qui devrait systématiquement être à bord, c'est la pinoche en bois.
De forme semi-conique, elle s'adapte aux trous circulaires et reste irremplaçable lorsqu'une vanne rompt (il y a aussi des cas attestés de dériveurs décalottant un passe-coque lors d'un talonnage dérive relevée). Une fois en place le bois gonfle, assurant l'étanchéité. Une bonne pratique consiste

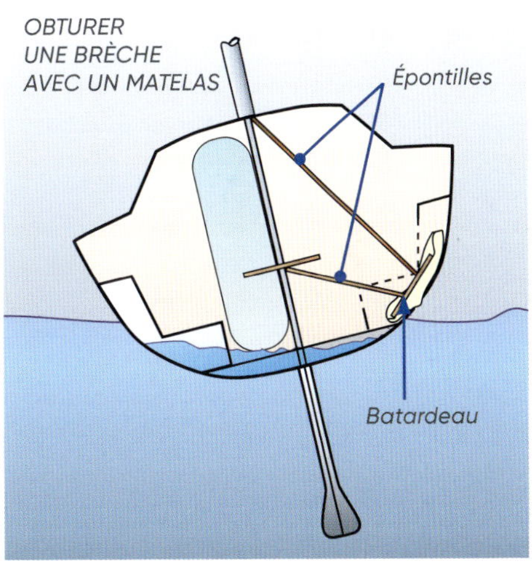

FRANÇOIS CHEVALIER

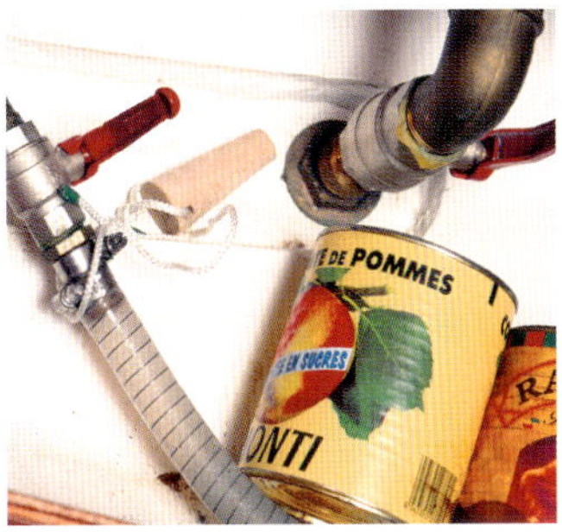

Une pinoche de diamètre adapté doit être fixée à demeure près de chaque vanne ou passe-coque.

à placer une pinoche de diamètre adapté à portée de chaque vanne ou passe-coque, maintenue à demeure par un tour de Scotch ou une garcette. Pour les passe-coque de loch ou de sondeur, ne pas compter sur le bouchon d'origine du système, car si le passe-coque se décalotte ou se brise au ras, seule la pinoche sera efficace.

Face à une vraie déchirure

Répétons-le, il reste exceptionnel de percer sa coque dans un choc… mais ça arrive. Par exemple, ce croiseur écrasant son étrave sur un arbre à la dérive lors d'un gros coup de vent en Méditerranée, ou ce voilier de la Transquadra arrachant un safran en heurtant un objet entre deux eaux. Une équipe de notre magazine avait ouvert un trou de 20 centimètres sur 10 dans les œuvres vives d'un Sylphe condamné à la démolition *(Voiles et Voiliers n° 503)*, et tiré de précieux enseignements de cette expérience.

1- Pour obturer la brèche, ne serait-ce qu'à titre provisoire, il faut utiliser des matériaux n'absorbant pas l'eau, comme les matelas avec leur housse imperméable, ou des gilets de sauvetage en mousse. Eventuellement une voile.

2- Dans la gamme des mastics, résines, et autres matériaux à prise rapide et en milieu humide, rares sont les matériaux efficaces. Parmi les solutions crédibles, nous avions retenu le Stay Afloat, qui une fois malaxé épouse bien trous et fissures, et le principe d'un kit voie d'eau composé d'une contre-plaque réalisée à l'avance (en contreplaqué ou stratifié), à fixer avec un mastic polyuréthane, et à visser directement sur la coque. Ceci sous réserve qu'aucun élément structurel (lisse, varangue) ne contrarie son application contre le bordé.

PHOTOS LAURENT CHARPENTIER

A priori tous les types de voiliers permettent l'échouage. Et si, contre un quai, un simple coup d'éponge sur la coque est tolérable pour inspecter une zone, le carénage est désormais interdit.

Nombreuses défenses, solides amarres et cravate autour du mât (ci-dessus) sont gages d'un échouage sans soucis.

35 Intervenir sur les **œuvres vives**

Parce qu'on n'est jamais à l'abri d'un bout dans l'hélice qui s'accroche obstinément, ou bien parce qu'on a talonné et que l'on veut inspecter le safran et la quille, il est pratique dans les régions à marée de s'échouer à quai. On s'économise les frais d'une mise à terre, et dans certains petits ports dépourvus d'élévateurs il n'y a pas d'autre solution.

Tous les voiliers en sont-ils capables ?

Des doutes ont pu se manifester sur les capacités de telle ou telle unité de construction récente à se poser sur sa quille et rien que sa quille. Pour le responsable technique d'un grand chantier français que nous avons interrogé, c'est un fantasme. Les normes de construction sont extrêmement contraignantes, et les quilles sont prévues pour résister à des talonnages jusqu'à une certaine vitesse supposant des contraintes très largement supérieures à celles d'un échouage en conditions normales. En eaux calmes, il n'y a pas de contre-indication particulière. On voit mal, d'ailleurs, qu'un bateau incapable de se supporter sur sa quille réussisse à la conserver en mer dans le gros temps !

Réussir son échouage à quai

Tout d'abord, choisir un endroit propice, avec un fond plat et stable, que l'on aura reconnu à la marée précédente, sauf à disposer de renseignements sûrs, de la capitainerie par exemple. Le lieu idéal étant, sur les cales qui en sont pourvues, le platin d'échouage précisément prévu à cet effet. Par principe, bannir tout endroit exposé au ressac et prendre en compte la météo annoncée. On dit que, quand un bateau pilonne, il vieillit de dix ans en dix minutes. Penser qu'il faudra pouvoir débarquer à marée basse, la présence d'une échelle de quai est un plus.

En s'amarrant à l'emplacement retenu, tourner les aussières sur le côté du voilier opposé au quai. Garnir abondamment de défenses le bordé qui va porter contre le quai, penser que ces défenses vont s'écraser. Faire gîter le bateau, modérément, vers le quai (quelques degrés). On peut déplacer les poids à bord, mettre la bôme du bon côté, vider le réservoir du bord opposé. Si le safran est aussi profond que la quille, veiller à ne pas mettre de poids sur l'arrière.

A titre de sécurité complémentaire, on frappe la drisse de spi sur le quai, ou une aussière cravatée autour du mât, au-dessus des barres de flèche. Il faudra être là au moment de l'échouage, mais se faire discret à bord pour ne pas perturber l'équilibre du voilier. Diminuer la gîte si le haubanage menace de porter contre le quai.

À FAIRE

Effectuer soigneusement son calcul de marée, pour le jour même et pour le lendemain… en se méfiant si les coefficients sont à la baisse !

À NE PAS FAIRE

Caréner à quai. La loi interdit désormais cette activité depuis 2012 en dehors des zones dédiées, où les effluents sont évacués dans le respect de l'environnement.

Se déplacer de façon intempestive à bord d'un voilier posé sur sa quille.

36 SOS **WC**

Le sujet n'est pas glamour, mais il évoque toujours des souvenirs. Il fallait le traiter, avec la même abnégation dont il faut s'armer quand il survient. Un peu de formation et quelques précautions permettent d'éviter de plomber l'ambiance de la croisière.

Formation

99 % des pannes sont dues à des fautes d'utilisation. Les plus fréquentes sont des erreurs de manipulation des vannes, des mouvements trop brutaux de la pompe et un nombre insuffisant de coups de pompe pour assurer la vidange complète du circuit (il en faut une vingtaine), ainsi que des excès de papier ou le jet dans la cuvette de déchets divers. Pour réduire ces risques, rien ne remplace, à l'embarquement, une formation des équipiers, avec explication et démonstration de pompage « alliant douceur et fermeté ».

Pour marquer les esprits, on peut ajouter que c'est à l'auteur d'une fausse manœuvre qu'incombera le plaisir du débouchage !

Précautions

→ Quand la pompe couine, déverser une ou deux cuillères à soupe d'huile alimentaire et, après quelques minutes, donner une dizaine de coups de pompe. Cela suffit à régler le problème et préserver l'appareil.

→ Le skipper doit connaître les composants du WC équipant son bateau ainsi que le circuit correspondant s'il veut savoir comment faire face aux problèmes les plus courants.

→ Il doit y avoir à bord un kit de rechange correspondant exactement au modèle du bord, ainsi que les outils nécessaires pour les interventions éventuelles (ne pas oublier gants de vaisselle ou de latex, graisse silicone et pinoche en bois de diamètre adapté).

→ Le « nec plus ultra » consiste à mettre à bord un ensemble « pompe » complet. Le remplacement est rapide et le reconditionnement de l'ensemble en avarie peut se faire ultérieurement et dans le calme (expérience vécue).

Les précautions ci-dessus sont primordiales car les modèles de WC marins sont nombreux, même au sein de la même marque. Trouver en escale les pièces de rechange exactes est une mission souvent impossible et toujours plus onéreuse qu'au port d'attache. Signalons enfin que les chefs de bord des Glénans sont de plus en plus nombreux à interdire de déposer le papier usagé dans la cuvette. Un sac-poubelle est réservé à cet effet.

C'est arrivé !

- → Avant toute intervention, vérifier que toutes les vannes du circuit sont fermées.
- → Prendre le temps de consulter la documentation. Soucieuse de sa réputation, la marque phare Jabsco diffuse sur Internet des vidéos explicatives très bien faites qu'il est utile de visionner avant d'entreprendre le moindre démontage (mots-clés : Jabsco, vidéo, marine). Les présentateurs sont excellents (commentaires en anglais).
- → La visserie de l'ensemble incriminé mordant dans du plastique, ne pas forcer avec le tournevis. On le regretterait vivement.
- → Cas le plus fréquent : le joint de clapet est défectueux ou le corps de pompe est usé ou bloqué. Il faut déposer l'embase pour vérifier, remplacer, nettoyer. Sinon c'est probablement le col-de-cygne qui est bloqué. Il faut le démonter et vider ce qui le colmate.
- → Dans tous les cas, ne surtout pas utiliser de Destop ou autres produits agressifs dédiés aux installations terrestres.

Et la caisse à eaux noires ?

La réglementation est de plus en plus contraignante, mais à chaque baignade on remercie le législateur.

L'article 43 de la loi sur l'eau stipule que : *« Afin d'assurer la protection de la santé publique et du milieu aquatique, les navires de plaisance, équipés de toilettes et construits après le 1er janvier 2008, qui accèdent aux ports maritimes et fluviaux ainsi qu'aux zones de mouillages et d'équipements légers sont munis d'installations permettant soit de stocker, soit de traiter les eaux usées de ces toilettes.»*

Toilettes sur un Pogo. Si elles sont bouchées, ne surtout pas utiliser de produits chimiques agressifs qui peuvent dégrader le circuit.

FRÉDÉRIC AUGENDRE

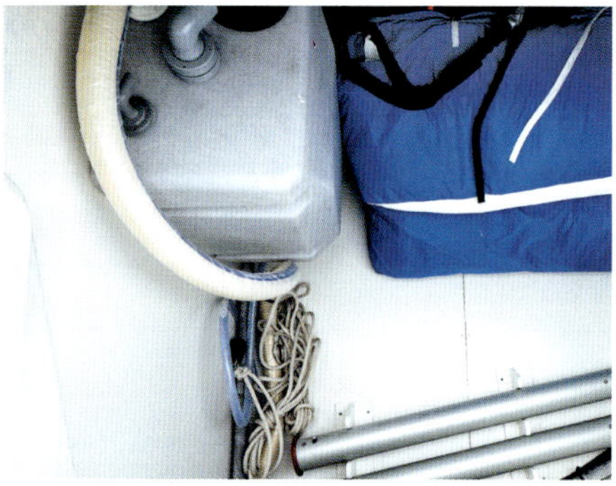

Cuve à eaux noires sur un Malango 888. Sa vidange n'est possible que dans un port équipé ou à plus de 3 milles des côtes, à une vitesse d'au moins 4 nœuds.

LAURENT CHARPENTIER

Moment de tension... Les toilettes sont bouchées : le plus simple est de disposer à bord d'une pompe de rechange... Il faut surtout prévenir cet incident en rappelant régulièrement le mode d'emploi des WC.

MAUD ATAMANIUK

Par ailleurs, la convention MARPOL (Maritime Pollution) interdit les rejets directs dans les ports et rades, et impose de ne rejeter les eaux noires broyées qu'à plus de 3 milles des côtes et à une vitesse minimum de 4 nœuds.
Il est donc fort probable que votre voilier soit équipé d'une caisse à eaux noires. Cela complique le circuit des WC marins. Certaines installations disposent d'une vanne trois voies qui permet de shunter la caisse. C'est une option intéressante car le réceptacle de dimension réduite est vite rempli. Dans les ports équipés pour vidanger ces caisses, le bouchon de nable à ouvrir sur le pont est marqué « WASTE ». Ne pas confondre avec « WATER », on en connaît qui l'ont fait et connu un désagréable retour de jet.
Les eaux noires ne doivent pas stagner trop longtemps. On a observé aux Glénans des colmatages pénibles. En outre, les matières organiques en décomposition produisent de l'hydrogène sulfuré. Un gaz toxique à odeur d'œuf pourri, d'où l'importance de l'évent.

BON À SAVOIR

L'urée stagnant dans l'eau de mer crée sur la durée des dépôts calcaires. C'est ainsi qu'on a pu voir des WC marins obstrués par rétrécissement du conduit d'évacuation. Pour éviter cela, ne pas rechigner à pomper longuement.

37 L'eau du réservoir a **mauvais goût**

L'eau de la vache ou du réservoir dédié a une odeur et un goût désagréables ? Les causes sont la prolifération de bactéries et de micro-organismes dans les réservoirs où l'eau a stagné, ou bien des pollutions au remplissage.

Traiter l'eau

En France, la qualité de l'eau est bonne, mais selon les modes de stockage et/ou de transport en amont du robinet du port, il peut y avoir des exceptions. Il faut donc régulièrement, lorsque l'on fait le plein, y joindre la dose prescrite d'un produit purifiant, disponible chez les schipchandlers.

Utiliser un tuyau propre

Le tuyau en libre-service traîne régulièrement sur le ponton, quand ce n'est pas dans l'eau du port. Pollution assurée si on le plonge tel quel dans le nable du pont ! De préférence, il faut utiliser le tuyau du bateau, et dans tous les cas, laisser couler l'eau avant de présenter l'extrémité de celui-ci au-dessus du nable. Le must est d'utiliser un entonnoir de grande dimension, muni d'un filtre et réservé exclusivement à cet usage.

Nettoyer le réservoir

Les réservoirs méritent un entretien régulier. La caisse à eau doit être accessible et munie d'une ouverture permettant de passer la main. Une fois le réservoir vidé de son eau, les algues et dépôts éventuels doivent être éliminés préalablement au lavage sur toutes les parois. Ne pas utiliser de détergents agressifs, ajouter un peu de produit vaisselle si les dépôts sont très gras. Il existe également des produits spécifiques. Puis rincer abondamment et laisser sécher. Ces recommandations valent aussi pour les réservoirs souples, dont l'entretien est souvent moins aisé, faute d'une large ouverture. Sont également prévus pour les vaches à eau des produits désinfectants, détergents et bactéricides.

HANS-GÜNTER KIESEL

L'Aquaclean de Yachticon est un désinfectant sans chlore pour l'eau potable, disponible en comprimés ou en solution liquide. Un produit parmi beaucoup d'autres pour le traitement des réservoirs.

Dernière recommandation

Vérifier le joint du bouchon du nable de pont. Défectueux, il laissera passer l'eau de mer… ou celle du brossage du pont. Enfin, il faut avoir la main douce quand on ferme le nable pour ne pas l'écraser inutilement.

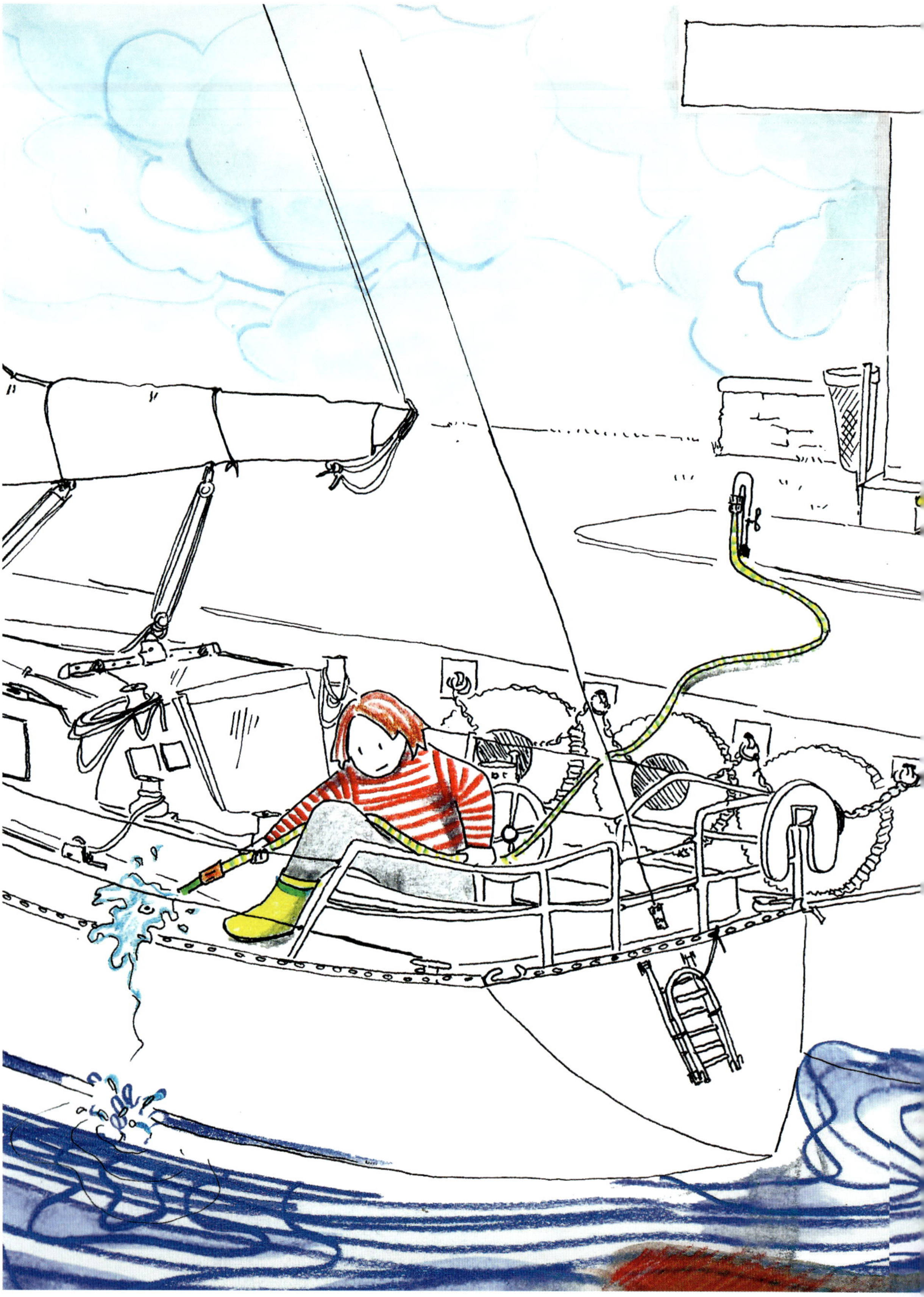

4

ÉNERGIE & PROPULSION

Les mains dans le cambouis

Par Jean-Yves Béquignon.

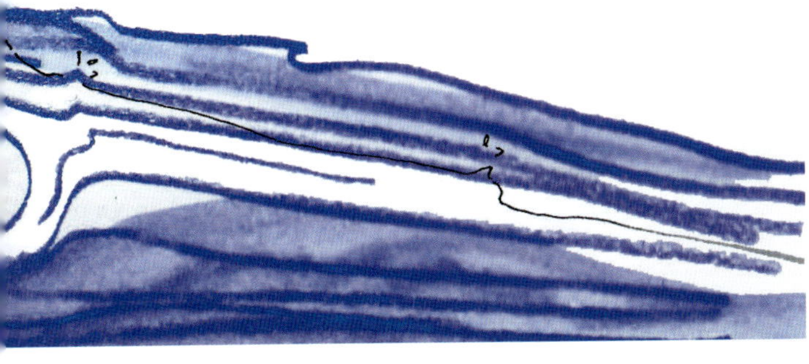

MAUD ATAMANIUK

Ne rions pas, cela arrive : une confusion dans les bouchons de nable et le plein d'eau se fait dans le réservoir de carburant ! Mais tout n'est pas perdu.

Les mains dans le cambouis

Rien de tel que les ennuis moteur pour gâcher une croisière, et rien de plus rageant que de constater en observant un homme de l'art que l'on aurait pu s'en tirer seul, sans frais ni perte de temps. Sans prétendre s'improviser mécanicien, la consultation des manuels constructeurs – souvent didactiques –, quelques précautions au démarrage et en route, un minimum d'outillage et un brin de curiosité pour découvrir la machine qui se cache sous les marches de la descente permettent de s'approprier suffisamment l'engin pour se tirer des déboires les plus courants. On évitera ainsi d'appeler le CROSS ou la SNSM au secours pour une broutille et le skipper gagnera en aura et en tranquillité d'esprit. Dans ce chapitre résolument pédagogique, nous avons traité les problèmes moteur non pas d'un point de vue théorique ni comme le ferait un manuel constructeur, mais en partant des symptômes de panne ou de dysfonctionnement tels que les ressent l'utilisateur : une alarme, un bruit inhabituel, une fumée d'échappement suspecte. Pour l'ancrer encore mieux dans le réel, nous l'avons rédigé en nous appuyant sur les conseils de Pierre Quatannens, mécanicien en charge de tous les moteurs de la base des Glénans de Concarneau, et homme de terrain s'il en est.

38 Le moteur se met **en alarme**

1 ***Éteint.*** *Voyant d'alarme de température élevée de liquide de refroidissement éteint.*

2 ***Allumé.*** *Voyant d'alarme de faible pression d'huile de lubrification allumé.*

3 ***Éteint.*** *Voyant d'alarme de présence d'eau dans le Saildrive (le cas échéant) éteint.*

4 ***Allumé.*** *Voyant d'alarme de charge de batterie faible allumé.*

Quand on met le contact, les alarmes doivent être dans la situation présentée ci-contre et le klaxon doit retentir.

JEAN-YVES BEQUIGNON

Une fois le moteur arrêté en appuyant sur le bouton «STOP», on retrouve la même situation. Il faut attendre que le son du klaxon retentisse avant de couper l'alimentation.

Le klaxon qui doit retentir quand on met le moteur en route est essentiel à sa survie. S'il donne de la voix en navigation, il faut réagir vite. S'il reste muet au démarrage, il faut le réparer avant d'appareiller.

De l'intérêt du klaxon

A la différence du conducteur d'une voiture, le barreur n'a pas en permanence le nez sur le tableau de bord du moteur et, quand ce n'est pas le pilote automatique qui est aux commandes, il aurait même plutôt tendance à le cacher avec ses jambes. En outre, le soleil peut rendre difficile la lecture des voyants. Toutes bonnes raisons pour que l'avertisseur sonore soit indispensable, et pour que l'on vérifie son bon fonctionnement à chaque occasion, c'est-à-dire non seulement à la mise en route, mais aussi à l'extinction du moteur. Couper le contact dès que le moteur s'est étouffé est une mauvaise habitude. Il faut au contraire avoir systématiquement la patience d'attendre que la sonnerie se manifeste pour tourner la clé ou basculer l'interrupteur : c'est l'affaire d'une poignée de secondes. Le déclenchement de l'alarme sonore alors que le diesel tourne impose de réagir sans délai pour couper le moteur et investiguer. Il signale en effet un dysfonctionnement majeur qui peut rapidement avoir raison de la mécanique : une température excessive du liquide de refroidissement ou une pression d'huile trop faible pour assurer la lubrification.

L'alarme de température haute du liquide de refroidissement

Lorsque le diesel est en marche, la température dans les cylindres dépasse 1500°C au moment de la combustion du gazole. Si les cylindres n'étaient pas refroidis, le métal se déformerait. Pour éviter

BON À SAVOIR

Sur ce genre de tableau de bord :

→ Si l'on coupe l'alimentation quand le moteur tourne, on risque fort de griller le pont de diode de l'alternateur. Au départ de la croisière, il est prudent d'attirer l'attention des équipiers sur ce point impératif. Non avertis, certains ont pour réflexe de couper le moteur en tournant la clé, comme sur leur voiture et malgré la taille du bouton «STOP».

→ Quand on enlève la clé, il faut mettre le capuchon plastique pour préserver le démarreur de l'humidité qui génère des pannes électriques.

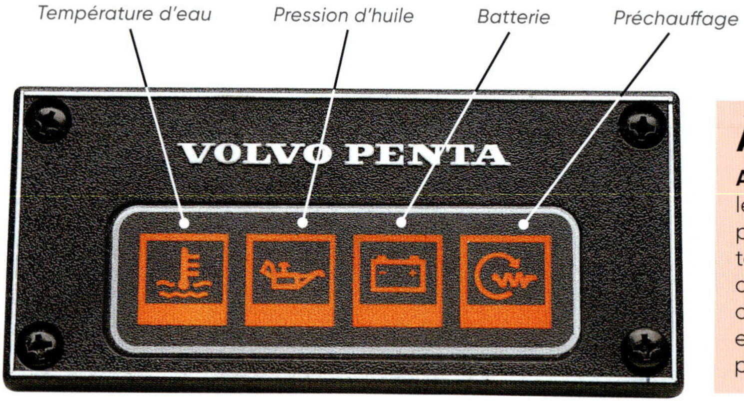

À FAIRE

A l'arrêt du moteur, attendre que le klaxon retentisse avant de couper l'alimentation, cela permet de tester son bon comportement ainsi que celui du capteur de pression d'huile. On s'assure ainsi que tout est en état de fonctionnement pour un prochain démarrage.

cela, le refroidissement des moteurs des voiliers est assuré par deux circuits :

→ un circuit fermé de liquide de refroidissement au contact direct des parties chaudes du moteur;
→ un circuit ouvert d'eau de mer qui comporte un échangeur de température dans lequel circule une partie du circuit fermé de liquide de refroidissement.

Le liquide de refroidissement absorbe la chaleur du moteur pour la restituer dans l'échangeur au flux d'eau de mer pompé par une prise d'eau placée sous la flottaison, puis recraché par l'échappement. Si pour une raison ou une autre, l'eau de mer ne circule plus, la température du liquide de refroidissement n'est plus régulée. Elle va monter jusqu'à ce que le liquide de refroidissement entre en ébullition. Le moteur ne sera plus refroidi et va subir des dommages importants. Pour éviter cela, une sonde mesure en permanence la température du liquide de refroidissement. Vers 90°C, le voyant de température d'eau s'allume et l'alarme sonne. Il faut alors vérifier si l'eau crache ou pas à l'échappement pour déterminer si le problème vient du circuit ouvert ou du circuit fermé, et sans tarder arrêter le moteur.

L'alarme de pression d'huile

Les pièces en mouvement dans le moteur ont besoin d'être lubrifiées en permanence. Quand le moteur est au repos, l'huile est dans le fond du carter et on mesure son niveau avec la jauge. Quand le moteur fonctionne, l'huile est en mouvement. Pour que la lubrification soit efficace il faut que l'huile soit projetée avec une certaine pression, mesurée par un capteur. S'il y a une fuite d'huile, si le filtre est colmaté ou si le voilier a trop de gîte, la pression va tomber, le voyant s'allumer et le klaxon retentir. Il faut alors stopper le moteur. Sinon, toutes ses articulations vont se bloquer irrémédiablement. Et une fois le moteur «serré», il est bon pour la casse.

Autres voyants d'alarme

La troisième alarme que l'on trouve sur tous les types de moteurs est le témoin de charge de batterie. S'il s'allume, c'est que l'alternateur ne recharge plus les batteries. C'est gênant mais ce n'est pas crucial si le moteur est en route. Selon les marques ou les années de fabrication des installations, le klaxon ne retentit pas forcément quand cela se produit. En revanche, lorsque l'alternateur ne charge plus, le nombre de démarrage est dorénavant compté* et le guindeau ne doit plus être utilisé, sous peine de mettre rapidement les batteries à plat.

En l'absence d'alarme, une bonne façon de vérifier depuis la table à cartes que l'alternateur charge est de contrôler la tension des batteries. Si elle est inférieure à 13 volts quand le moteur tourne, c'est que l'alternateur ne charge pas.

Sur les voiliers équipés de moteur avec transmission Saildrive, il peut exister, en fonction des marques, un quatrième voyant d'alarme : le témoin de présence d'eau dans le Saildrive. Dans ce cas, chez Yanmar par exemple, lorsque de l'eau est détectée entre les joints du Saildrive, le voyant s'allume et une alarme retentit.

** L'article 240-2.4 de la division 240 fixant la réglementation des navires de plaisance de moins de 24 mètres précise que la batterie doit pouvoir effectuer, sans recharge et dans les conditions normales d'utilisation, six démarrages consécutifs.*

39 Le moteur, c'est **trop compliqué**

MOTEUR AVEC INVERSEUR POUR LIGNE D'ARBRE

1 ***Jauge d'huile de l'inverseur.*** *A contrôler périodiquement.*

2 ***Filtre à air et prise d'air.*** *Le moteur a absolument besoin de respirer pour fonctionner !*

3 ***Pompe à carburant manuelle.*** *Elle permet de réamorcer le circuit de gazole après une panne sèche.*

4 ***Jauge d'huile du moteur.*** *Il est conseillé de prendre le niveau avant chaque démarrage.*

5 ***Remplissage d'huile moteur.*** *Surtout ne jamais dépasser la valeur maximum autorisée.*

6 ***Commande des gaz.*** *On pourra être amené à dégrafer la tringlerie en cas de problème, pour intervenir manuellement sur le régime moteur.*

7 ***Remplissage de liquide de refroidissement.*** *On peut lire le niveau sur ce vase d'expansion.*

8 ***Pompe à eau de mer du circuit de refroidissement ouvert.*** *Il faut avoir un rouet de rechange à bord.*

9 ***Filtre à huile.*** *Avoir une cartouche de rechange à bord.*

10 ***Filtre à carburant.*** *Avoir une cartouche de rechange à bord.*

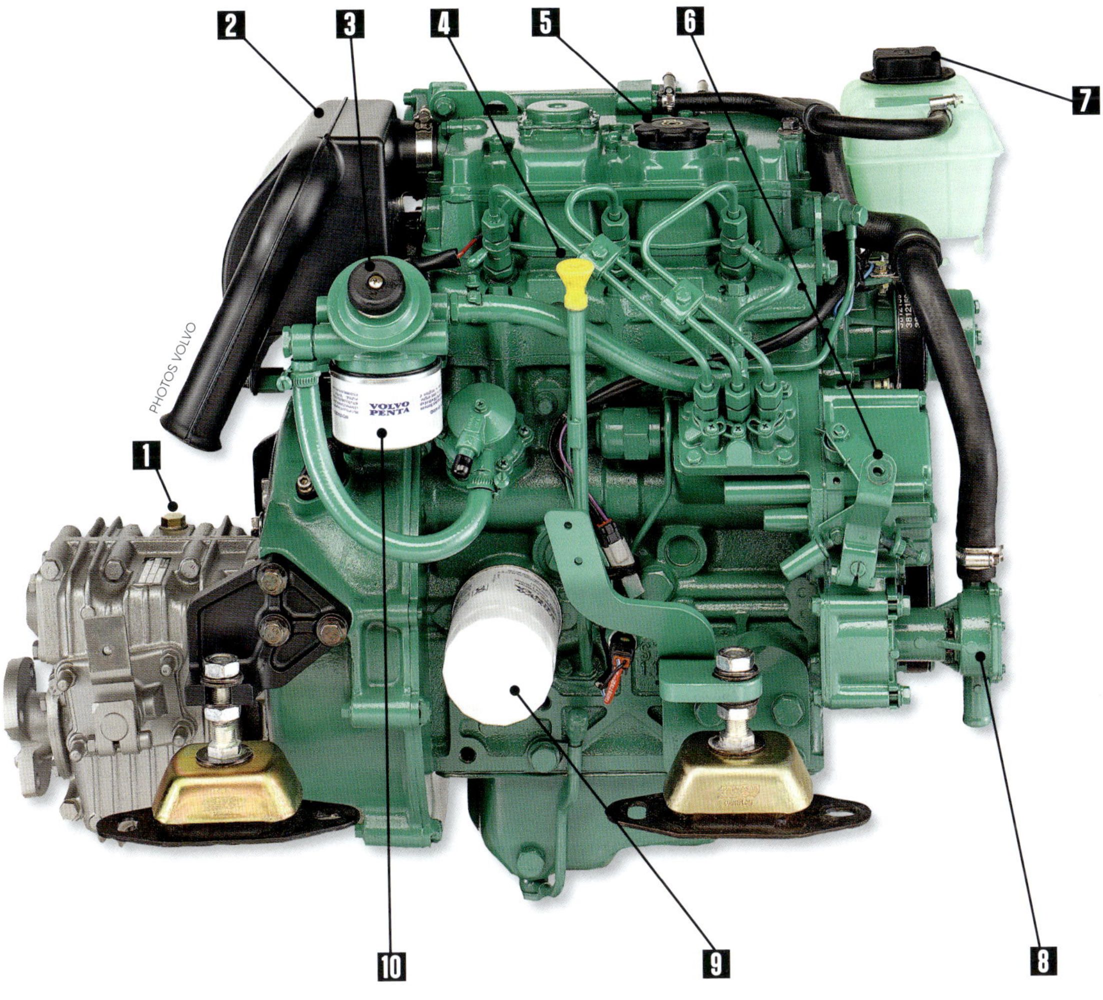

PHOTOS VOLVO

Il y a certes des opérations sur la mécanique qui relèvent de l'intervention d'un professionnel, ou à tout le moins se destinent aux bricoleurs très avertis. Mais le fonctionnement d'un diesel marin et l'organisation de ses organes essentiels restent suffisamment simples pour que le plaisancier assure lui-même les principales interventions de contrôle ou de maintenance. Nous n'aurons pas la prétention de faire ici le tour de la question, et ceux qui voudront approfondir le sujet se référeront notamment aux ouvrages spécialisés des collections de *Voiles et Voiliers*.

L'objectif est ici de rappeler en images l'essentiel de ce qu'il faut savoir reconnaître sur son moteur au premier coup d'œil. Si ce n'est la couleur des boutons ou manettes, et parfois les appellations dans le manuel constructeur, les moteurs in-bord diffèrent très peu selon les marques. A la prise en main d'un nouveau bateau, et avant le premier démarrage de son moteur, il est conseillé de repérer les organes ici identifiés, sur deux vues d'un moteur avec inverseur pour ligne d'arbre et de son équivalent avec transmission par Saildrive.

MOTEUR AVEC TRANSMISSION PAR SAILDRIVE

11 ***Echangeur de température.*** *Il ne faut jamais ouvrir son bouchon quand le moteur a eu chaud.*

12 ***Pompe de circulation du circuit fermé de refroidissement.*** *Elle doit être entraînée par courroie.*

13 ***Alternateur.*** *Il ne débite de l'électricité que s'il tourne au-delà d'une certaine vitesse.*

14 ***Courroie trapézoïdale.*** *Elle entraîne la pompe et l'alternateur. Il faut vérifier sa tension et son usure.*

15 ***Vanne d'eau de mer du circuit de refroidissement ouvert du moteur.*** *A garder ouverte en croisière, sinon c'est la fin du moteur.*

40 C'est la **panne** sèche !

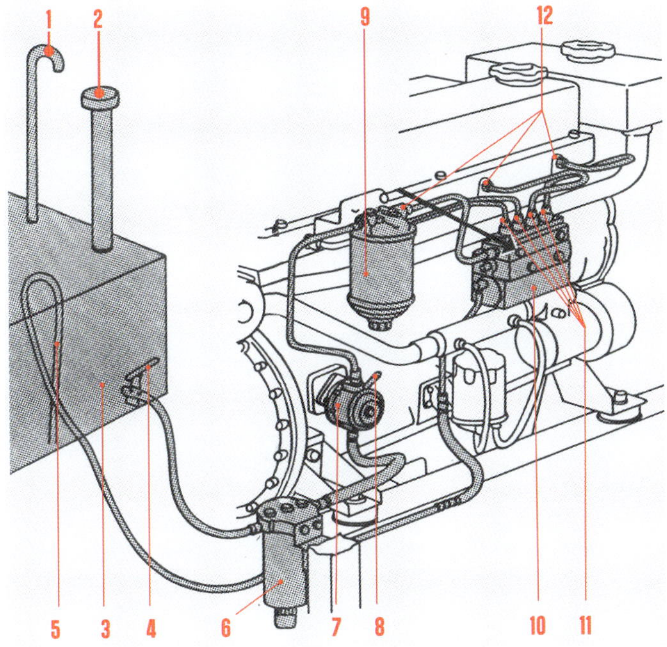

Circuit de gazole d'un moteur

1. *Mise à l'air du réservoir*
2. *Remplissage*
3. *Réservoir*
4. *Robinet*
5. *Retour de fuites et de trop-plein de gazole*
6. *Préfiltre décanteur*
7. *Pompe d'alimentation*
8. *Levier de réamorçage*
9. *Filtre à carburant*
10. *Pompe d'injection*
11. *Tubulures haute pression*
12. *Injecteurs*

Sans action sur la commande des gaz, le moteur baisse de régime, reprend ses tours, cale, redémarre après une première tentative, tousse à nouveau et s'arrête. L'aiguille de l'indicateur de niveau de carburant taquine le zéro dans les coups de roulis : pas de doute, c'est la panne sèche. On est quand même surpris parce que la jauge indiquait il y a peu un petit quart de carburant.
Si on a pris la précaution d'embarquer un jerrican de gazole, on va le vider dans le réservoir. Et on cherchera à redémarrer le moteur, qui ne partira pas ! Inutile de vider la batterie, c'est un moteur Diesel, de l'air s'est introduit dans le circuit et fait tampon. Il faut d'abord l'évacuer, le purger, pour que le gazole arrive à nouveau jusqu'aux injecteurs et que le moteur reparte. C'est la procédure consistant à réamorcer le circuit de gazole.

Réamorcer le circuit de gazole

Partant du réservoir, le gazole passe par un filtre décanteur, une pompe d'alimentation – munie selon les marques d'un levier ou d'un poussoir de réamorçage –, puis un filtre à carburant, et arrive à la pompe d'injection qui refoule à haute pression le gazole dans les tubulures d'alimentation des injecteurs.
Pour chasser l'air qui s'est introduit dans ce circuit quand le moteur a brouté puis s'est désamorcé, il suffit de desserrer la vis qui se trouve sur le dessus du filtre à carburant et d'actionner le levier de la pompe d'alimentation jusqu'à ce que le carburant apparaisse sans bulle d'air. L'air qui bloquait l'alimentation est alors évacué. On referme le circuit en resserrant la vis et le tour est joué, le moteur repart.
Il faut manœuvrer doucement la vis de purge, à l'ouverture comme à la fermeture. Surtout ne pas forcer car la pièce est fragile et, si on la casse, c'est fini. Il ne faut pas non plus l'enlever complètement. On risque d'emmener le petit joint qui se trouve en dessous et assure l'étanchéité, et de le voir tomber à fond de cale, ce que l'on regrettera vivement. Si c'est possible il faut préférer un tournevis à une clé qui donne trop de force sur le filetage. La mécanique quoi qu'on en pense est affaire de douceur.
Une fois la vis de purge décollée, il faut actionner le levier de la pompe d'alimentation assez longtemps, parfois jusqu'à deux minutes, avant de voir surgir le gazole. L'opération étant salissante, il faut

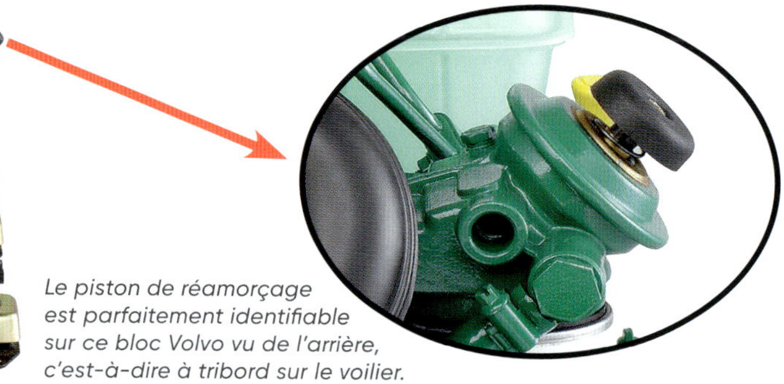

Le piston de réamorçage est parfaitement identifiable sur ce bloc Volvo vu de l'arrière, c'est-à-dire à tribord sur le voilier.

JEAN-YVES BÉQUIGNON

Le filtre à carburant et la vis de purge, vus de dessus (Yanmar).

JEAN-YVES BÉQUIGNON

Penser à mettre du tissu absorbant pour éviter que le gazole tombe dans la cale et sur le moteur.

se munir d'un tissu d'absorption pour éviter que le carburant tombe dans la cale ou sur les durites. Lorsque le gazole sort du trou de purge, on peut resserrer la vis, toujours sans forcer.

Chez Volvo comme chez Yanmar, les motoristes les plus diffusés du marché, le filtre à carburant et la pompe d'alimentation se trouvent sur le côté gauche du moteur quand on fait face à la courroie. Facile à repérer chez Volvo car il se présente sous la forme d'un bouton-poussoir bien identifié, le levier de la pompe d'alimentation est plus difficile à trouver chez Yanmar. C'est une sorte de gâchette que l'on va accrocher à l'aveuglette si l'on n'a pas une vue directe sur le côté gauche du moteur. Il est indispensable de se référer au manuel du constructeur pour identifier sa position exacte, sinon on tâtonnera longtemps (expérience vécue)...

Se méfier de la jauge

Les jauges qui équipent les bateaux sont généralement linéaires. En revanche, les réservoirs de gazole ne sont pas des cubes mais des capacités pincées à leurs bases car elles épousent la forme des fonds. En conséquence, la jauge donne longtemps l'information que la cuve est pleine ou presque, puis chute plus rapidement au fur et à mesure car la cuve se vide. L'indication fournit par la jauge est au minimum optimiste, sinon carrément trompeuse.

Mesurer sa consommation au passage à la pompe

La seule façon de savoir vraiment ce qui reste dans le réservoir est de connaître sa consommation horaire. Pour cela, il suffit de noter le nombre d'heures moteur quand on fait un premier plein et, au passage suivant à la pompe, de relever à la fois le nombre d'heures et la quantité de gazole nécessaire pour compléter. Une simple division permet de connaître la consommation horaire. En observant régulièrement les heures de moteur au fil de la croisière, on aura une idée exacte de ce qui reste comme autonomie. Une case est prévue à cet effet dans les bons journaux de bord. Le calcul est à renouveler à chaque passage à la pompe. Si la consommation augmente sans raison, c'est qu'il se passe quelque chose dans le amoteur du côté des injecteurs. Mais c'est là affaire de spécialiste.

Prendre en compte le résidu de gazole

En fonction des mouvements du voilier et de la position du tuyau d'aspiration du réservoir, une certaine quantité de gazole ne pourra jamais rejoindre les injecteurs, c'est ce que l'on appelle «l'impompable», qui est toujours difficile à évaluer. Une bonne façon de se garantir de la panne sèche est de considérer que l'autonomie en gazole est égale à 80 % de la valeur du réservoir.

41 Le moteur **fume blanc**

Quand, pour une raison ou une autre, le débit diminue dans le circuit de refroidissement ouvert, une partie de l'eau de mer est vaporisée dans le conduit d'échappement sous la chaleur des gaz et c'est ce qui provoque une fumée blanche. Autre symptôme de cette anomalie du circuit de refroidissement, l'échappement de plus en plus bruyant. C'est le signe que le flux d'eau de mer dans le waterlock, aussi appelé silencieux, n'est plus assez efficace pour couvrir le bruit des gaz. L'alarme ne devrait plus tarder à sonner. Avant d'en arriver là, si on a des doutes sur le fonctionnement du circuit d'eau de mer, on peut passer la main sous le jet recraché par l'échappement. Normalement, la température de l'eau est légèrement supérieure à celle de la mer. Si elle est beaucoup plus chaude, mettons 40°C, c'est que l'on va bientôt avoir des problèmes.

Causes et solutions

On fait l'hypothèse que la vanne d'eau de mer est ouverte. Vérifiez quand même ! Ceci écarté, le problème peut venir...

→ De la crépine d'aspiration, bouchée par un déchet plastique ramassé au port ou par des coquillages qui se sont agglutinés parce que le bateau est resté longtemps à flot et n'a pas été caréné. La seule façon de s'en assurer est de se mettre à l'eau pour regarder sous la flottaison, ou d'échouer le bateau à la première occasion.
→ Du filtre eau de mer, colmaté par des impuretés ou le développement d'organismes marins. A Concarneau, le mécanicien des Glénans, Pierre Quatannens, trouve des moules dans les filtres eau de mer des bateaux! Aucun outil n'est nécessaire pour nettoyer ce filtre. Après avoir refermé la vanne, ouvrir à la main le couvercle du filtre pour retirer le panier qui retient les impuretés et le nettoyer. A renouveler régulièrement si la pêche a été bonne.
→ D'une fuite sur le circuit : regarder et chercher.
→ Du rouet en caoutchouc, ou turbine, de la pompe eau de mer qui, pour une raison ou une autre, a perdu des pales. Cela arrive si la pompe a pris un coup de chaud ou lorsqu'elle est vieille. Il est recommandé de la changer tous les ans.
→ De l'entraînement de la pompe eau de mer, ce qui est plus rare et requiert l'intervention d'un spécialiste.

Changer le rouet de pompe

Bien décrite dans les manuels d'entretien, l'opération est assez simple. Elle diffère légèrement selon les marques de moteurs. Chez Yanmar, par exemple, l'étanchéité de la pompe est assurée par un joint torique rainuré. Pour les Volvo, c'est un joint plat fourni dans le pack de rechange. Les étapes à suivre sont les suivantes :

→ Fermer la vanne du circuit eau de mer.
→ Placer une poche plastique ou un récipient sous la pompe pour récupérer l'eau qui va s'écouler quand on ouvre le capot.
→ Extraire la turbine avec une pince multiprises.
→ Observer le sens de rotation de la pompe et la façon dont les pales sont inclinées. La pompe tourne dans le sens horaire.
→ Compter le nombre de pales et, le cas échéant, chercher celle qui manque. Elle est en plastique dur et peut obstruer une durite. Pierre Quatannens a observé que les pales cassent le plus souvent par deux.
→ Pour que la pompe ne fasse pas ses premiers tours à sec, bien lubrifier le carter et le nouveau rouet selon les indications du constructeur.
→ Mettre le nouveau rouet dans le bon sens!
→ Refermer la pompe sans oublier de mettre le joint d'étanchéité.
→ Réamorcer le circuit eau de mer en vidant de l'eau dans le filtre pour le gaver.
→ Ouvrir la vanne d'eau de mer, lancer le moteur et vérifier l'étanchéité de la pompe et le débit.

JEAN-YVES BÉQUIGNON

Le panier du filtre eau de mer doit être régulièrement nettoyé. Celui-ci est relativement propre, on remarque néanmoins un micro-organisme qui semble se développer sur le bord du panier.

JEAN-YVES BÉQUIGNON

Quand les voiliers restent longtemps au port, les micro-organismes se développent et peuvent obstruer la crépine d'aspiration d'eau de mer.

INSIDIEUSE ET DANGEREUSE : LA FUITE DE GAZ AU WATERLOCK

Placé à la sortie du moteur, le waterlock récupère à l'arrêt de celui-ci toute l'eau de mer qui se trouve dans le circuit d'échappement et l'empêche de retourner noyer le moteur.

On le trouve sous les couchettes des cabines arrière. En fonctionnement, le waterlock joue le rôle d'un silencieux, l'eau de mer se mélangeant avec les gaz et atténuant le bruit. Pierre Quatannens attire notre attention sur un risque vital lié au waterlock en cas de dysfonctionnement du circuit d'échappement. Quand l'eau de mer circule mal, le plastique du waterlock finit par chauffer et fondre, et le gaz s'échappe. Notre mécanicien évoque un bruit de soufflement (tchouk tchouk). Il s'agit de monoxyde de carbone, on ne voit rien, on ne sent rien mais les yeux commencent à piquer et des maux de tête se manifestent. Cela est particulièrement dangereux pour quelqu'un qui dormirait dans une cabine arrière. En principe, ce type de fuite ne se produit pas avant le déclenchement de l'alarme de température d'eau. Raison de plus de s'assurer du bon fonctionnement des alarmes à chaque démarrage et chaque arrêt du moteur.

JEAN-YVES BÉQUIGNON

Situé sous les couchettes des cabines arrière, le waterlock est dangereux s'il vient à fuir.

L'alarme retentit mais l'eau s'écoule normalement

Dans ce cas, le problème vient du circuit de liquide de refroidissement. Il faut immédiatement arrêter le moteur et investiguer. En revanche, il ne faut rien toucher et ne surtout pas ouvrir le bouchon de remplissage de liquide de refroidissement au risque de se brûler gravement. Avant toute action, il faut laisser le moteur refroidir et ne jamais verser de liquide de refroidissement froid dans un moteur chaud. Les contraintes thermiques auraient des effets dévastateurs. Si une fuite est identifiée au niveau d'un collier, il suffit de le resserrer. Si une durite est percée, on peut effectuer une réparation provisoire avec un ruban adhésif spécifique. Dans tous les cas, il faut attendre que le moteur soit froid avant de refaire le plein de liquide de refroidissement. Le niveau apparaît sur le vase d'expansion. Faute de liquide de refroidissement, on peut provisoirement mettre de l'eau douce. Une fois au port, ou vidangera le circuit pour le rincer et on remettra le liquide préconisé par le constructeur. Même en l'absence de risque de gel, le liquide de refroidissement est normalement du −25° C, il faut qu'il soit miscible avec l'eau sous peine de former de la boue qui bouche les tuyaux.

Une alarme de température d'eau peut aussi signaler un problème d'entraînement de la pompe à eau centrifuge qui fait circuler le liquide de refroidissement. Si la courroie d'entraînement patine ou casse, la pompe ne tourne plus. On verra plus loin comment la retendre ou la remplacer.

Si le problème n'est pas résolu alors que le niveau est bon et qu'il n'y a pas de fuite, c'est la pompe de circulation elle-même qui est défectueuse, et l'intervention est du ressort d'un mécanicien.

À FAIRE

Embarquer un rouet de rechange pour la pompe eau de mer avec le lubrifiant nécessaire, et le cas échéant les joints correspondants.

Quand on démonte quelque chose, prendre des photos pour se souvenir du montage.

Pour gaver le filtre eau de mer, utiliser une bouteille d'eau.

PHOTOS JEAN-YVES BÉQUIGNON

Démontage du capot de la pompe. Avant d'ouvrir la pompe eau de mer, mettre un récipient pour récupérer l'eau.

JEAN-LOUIS GUÉRY

La pompe eau de mer ouverte, avec le joint torique bien visible.

JEAN-YVES BÉQUIGNON

Le niveau du liquide de refroidissement apparaît sur le vase d'expansion. Il doit se situer entre «MIN» et «MAX».

42 Le moteur **fume bleu**

JEAN-LOUIS GUÉRY

La seule façon d'arrêter un moteur qui tourne sur l'huile est de le priver d'air : ce geste est ici testé en atelier à l'Institut nautique de Bretagne.

JEAN-YVES BÉQUIGNON

Le niveau indiqué sur cette jauge dépasse largement le maximum autorisé signalé par un trou. Mais la lecture est fausse, la jauge n'ayant pas été essuyée après extraction.

JEAN-YVES BÉQUIGNON

La jauge d'huile d'inverseur. Le fluide restant transparent, ce n'est pas à la vue mais du bout de l'index que l'on contrôle son niveau.

Les manuels constructeurs préconisent de jeter un coup d'œil au moteur et d'en vérifier le niveau d'huile avant chaque démarrage. L'observation de la gatte est, là encore, riche d'enseignements. Si l'on y trouve de l'huile, il faut chercher pourquoi. Il est normal que le moteur en consomme un peu, elle file dans les cylindres au fur et à mesure de l'usure des segments qui assurent l'étanchéité des pistons dans la chemise. Cependant, cette perte ne saurait excéder 10 % de la capacité du carter au bout de 100 heures de fonctionnement après la vidange, soit 40 centilitres si la charge d'huile est de 4 litres. Si le moteur est usé, il va consommer plus d'huile. On s'en rendra compte parce que la fumée d'échappement deviendra bleue de façon persistante.

Prendre le niveau d'huile

Le niveau d'huile est mesuré moteur froid, quand toute la charge d'huile est retombée dans le carter. La jauge est sortie, soigneusement essuyée avec un chiffon propre pour ne pas introduire d'impuretés, remise en place puis ressortie et lue. Le niveau doit se situer entre les marques de minimum et de maximum, mais surtout jamais au-dessus du maximum. Initialement jaune, l'huile devient rapidement noirâtre, et c'est normal. En revanche, si elle est brunâtre en virant sur le jaune avec des bulles sur la jauge, cela signifie que l'huile est chargée d'eau, ce qui indique un problème d'étanchéité au joint de culasse : il faudra faire appel à un mécanicien.

Trop d'huile, attention danger

Il est dangereux de mettre trop d'huile car elle risque alors de s'introduire dans la chambre de combustion. Le moteur peut ainsi tourner sur l'huile et non plus sur le gazole et s'emballer, dans un phénomène dénommé auto-combustion. La seule façon d'arrêter un diesel en autocombustion est d'obturer l'entrée d'air du silencieux d'aspiration, avec

un chiffon appliqué à la main. Privé d'oxygène, le moteur va s'étouffer.
Pour éviter cet avatar, il faut, lorsqu'on fait son niveau d'huile, évaluer la quantité manquante puis procéder par petites doses. Sachant que la charge est d'environ 4 litres, on ne mettra que 10 centilitres à la fois. On laissera à l'huile le temps de descendre dans le carter avant de refaire une mesure avec la jauge. Si l'on a mis trop d'huile, il faut aspirer l'excédent avec la pompe seringue de vidange que l'on introduit dans le conduit de la jauge. Et si le moteur fume bleu après une vidange, c'est un signe qu'on a mis trop d'huile.

À FAIRE

Vérifier périodiquement que les colliers ne sont pas desserrés avec les vibrations.

À NE PAS FAIRE

Remplir le moteur à ras bord avec de l'huile.

JEAN-YVES BÉQUIGNON

Le filtre à huile se présente sous la forme d'une cartouche qui se visse. Pour éviter de faire couler l'huile dans la cale, prévoir un récipient et du tissu absorbant.

L'alarme de pression d'huile sonne et le niveau est bon

Si le moteur tourne alors que le voilier a plus de 15 degrés de gîte, il est probable que la pompe à huile se trouvant dans le carter soit désamorcée. Il suffit alors de redresser le bateau. Si l'alarme de pression retentit alors que le bateau est à plat et le niveau d'huile correct, le problème peut venir d'un filtre à huile colmaté par les microparticules de métal arrachées pendant le fonctionnement du moteur. Le filtre à huile se change tous les ans et il faut en avoir un de rechange à bord. Il se visse à la main, mais pour l'enlever il faut une clé à sangle car il se serre à l'usage. En dévissant la cartouche, de l'huile va s'écouler. Une poche plastique ou un récipient évite de la voir se répandre dans la cale.

Vérifier le niveau d'huile de l'inverseur

L'inverseur contient également de l'huile dont on peut mesurer le niveau. Il en manque rarement. Le niveau se mesure en dévissant le bouchon de jauge qui se trouve sur le dessus de l'inverseur, puis en le posant simplement en place (sans le revisser). Le fluide destiné à l'inverseur est de l'huile hydraulique, à ne pas confondre avec celle du moteur.

43 De l'eau **dans le gazole**

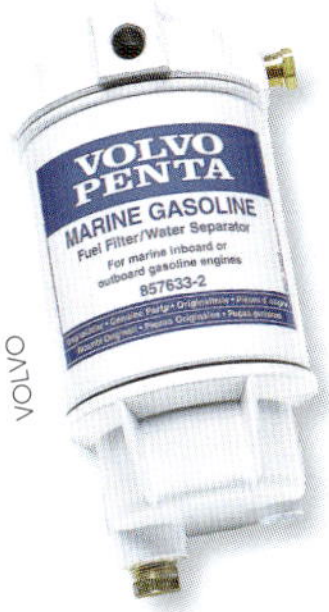

VOLVO

Filtre décanteur et sa cartouche. En ouvrant le boulon du bas, on purge le décanteur.

Scénario catastrophe : un équipier s'est trompé de bouchon de nable sur le pont, et a fait le plein d'eau… dans le réservoir de gazole. Ne rions pas, c'est arrivé et cela arrivera, et plus souvent qu'on ne le croit, aux Glénans ou en croisière entre amis : stagiaire ou équipier à qui le chef de bord parti faire une course de dernière minute a demandé sans plus d'explications de compléter le plein d'eau, voire marin confirmé mais mal réveillé. L'important est que la bourde soit identifiée avant le démarrage du moteur, et on en sera quitte pour quelques manipulations et des souvenirs à raconter à la veillée. Car si l'on est passé à travers, le moteur va s'arrêter net quand l'eau atteindra les injecteurs, et il n'y aura d'autre solution que d'appeler le mécano.

Purger l'eau du circuit

On s'est aperçu de la méprise avant le lancement du moteur. Dieu merci, eau et gazole ne sont pas miscibles, et la densité inférieure du carburant fait que les deux liquides vont se séparer d'eux-mêmes, le gazole surnageant. Il n'y a pas longtemps à attendre pour que l'eau rejoigne le fond du réservoir avant

d'ouvrir la vis de purge et de recueillir l'eau douce dans un récipient… voire dans les fonds. Quand l'eau cède la place au gazole, on laisse couler encore un peu pour faire bonne mesure. Si le réservoir n'est pas équipé de purge en son point bas, il faudra siphonner, pomper, se débrouiller, mais dans tous les cas en allant chercher au fond.
Si le moteur ne tourne pas, il est peu probable que l'eau atteigne les injecteurs car cela nécessite une forte pression. En outre, si le réservoir est situé au point bas du voilier, l'eau ne peut pas par simple gravité polluer le circuit. C'est en revanche possible si le réservoir est placé plus haut que le moteur. Pour prévenir tout risque, Pierre Quatannens purge l'ensemble du circuit et change à la fois la cartouche du filtre décanteur et celle du filtre à carburant. Le circuit est ensuite réamorcé comme en cas de panne sèche.

Attention à la condensation dans le réservoir

Quand il fait frais et que le réservoir est à moitié plein, de la condensation se forme sur les parois. Cette eau se retrouve au fond du réservoir et fait insidieusement son chemin vers les injecteurs. On peut l'intercepter en ouvrant le robinet de purge du préfiltre décanteur, également appelé séparateur d'eau, un équipement qui malheureusement est souvent optionnel. Pour éviter tout phénomène de condensation, refaire le plein de gazole avant les périodes d'inutilisation.

Avant de faire le plein de gazole ou d'eau, il n'est jamais superflu de vérifier que l'on ouvre le bon nable. Heureusement, l'eau et le gazole se séparent d'eux-mêmes.

Parades

Pour prévenir ces étourderies, les constructeurs ont mis en place des parades. Le bouchon de remplissage de gazole n'est pas à proximité de celui de l'eau ; chez certains constructeurs, les clés pour ouvrir les nables sont différentes et la destination des orifices de remplissage est clairement indiquée sur les bouchons. Quoi qu'il en soit, Jean-Louis Goldschmid, ancien directeur technique des Glénans, avait coutume de dire que si une connerie était possible, elle avait déjà été faite aux Glénans et que si elle était impossible elle s'y ferait prochainement. L'expérience lui a souvent donné raison. Cela doit inciter les chefs de bord à pratiquer le doute constructif quand ils confient une tâche à un équipier.

44 Plus assez de jus pour **démarrer**

On tourne la clé, ou on appuie sur start… et rien. Il s'agit soit d'un problème au niveau de la batterie moteur et/ou de sa connexion, soit d'un souci de démarreur. Dans la première hypothèse, on peut se dépanner soi-même, dans le deuxième cas, il faudra solliciter un professionnel (ou être très astucieux et imiter Michel Desjoyeaux, *voir l'encadré*).

Vérifier coupe-circuit et connexions

Rien ne bouge lorsqu'on met le contact ? Pas de signal d'alarme, aucun mouvement côté aiguille de niveau de gazole ni (selon les marques) au niveau des voyants d'alarme ? Premier réflexe, vérifier que le coupe-circuit de la batterie n'est pas resté ouvert. C'est bête, mais cela arrive régulièrement, même aux meilleurs.
Si le coupe-circuit est bien fermé et qu'il ne se passe absolument rien, il faut vérifier les connexions de la batterie moteur, contrôle qui devrait d'ailleurs être fait systématiquement chaque semaine. Il est recommandé à cette occasion de vérifier qu'il y a un peu de graisse sur les cosses pour optimiser la conduction électrique.

Contrôler la batterie

Si les cosses sont bien serrées, qu'aucun fil n'est apparemment débranché, c'est la batterie moteur qui est défaillante. Il faut vérifier sa tension, via le voltmètre du tableau électrique, à défaut en prenant la tension aux bornes de la batterie avec un multimètre. La batterie peut avoir claqué après quelques années, sans préavis. Elle peut aussi être déchargée faute d'avoir fait tourner le moteur assez longtemps

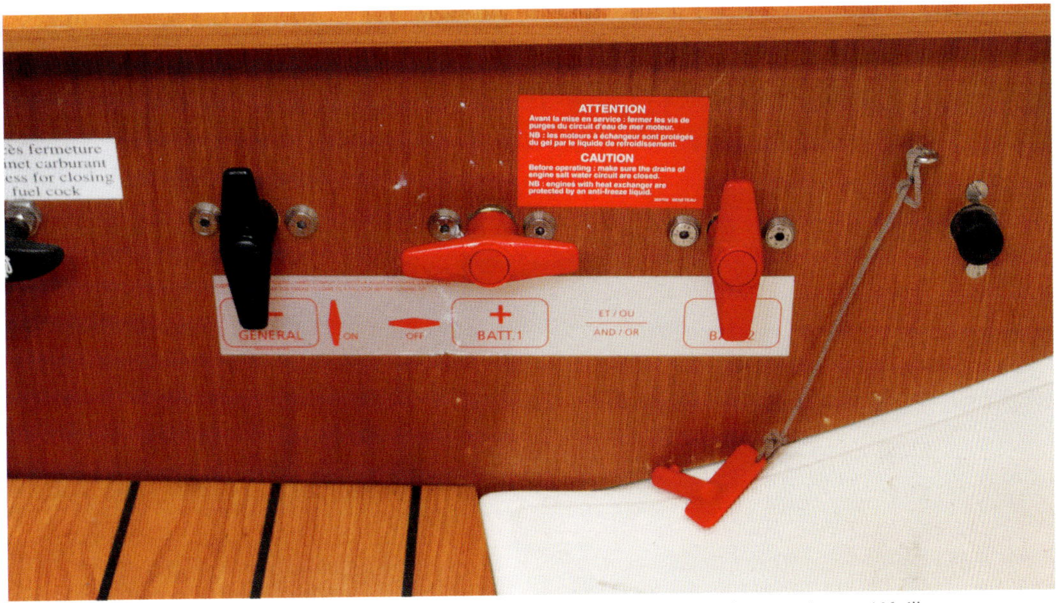

JEAN-YVES BEQUIGNON

Le coupleur permet d'utiliser les batteries de servitude pour tenter de parer à une défaillance de la batterie moteur. L'essai ne doit durer que quelques secondes.

lors de la précédente utilisation. Ce problème survient régulièrement sur les bateaux des Glénans, et c'est pour le prévenir que le mécanicien de la base de Concarneau recommande après chaque démarrage moteur de le laisser fonctionner au minimum une demi-heure. Dans cette première demi-heure en effet, le régulateur dirige la charge de l'alternateur vers la batterie moteur, et seulement après vers les batteries de servitude.

Le coupleur

Si la batterie, même faible, est bien branchée et le démarreur opérationnel, on devrait l'entendre peiner pour entraîner le moteur. Dans un premier temps, on va tenter de lui redonner du tonus en fermant le coupleur de batteries, un interrupteur qui va permettre d'utiliser les batteries de servitude pour lancer le moteur. Tous les bateaux n'en sont pas équipés. Ne pas insister si le moteur ne démarre pas au bout de 7 à 8 secondes, le risque étant de «vider» les batteries de servitude dans la batterie moteur. Dans un deuxième temps, il faut débrancher la batterie moteur, pour la remplacer par une batterie de servitude a priori saine. C'est exactement ce que l'on fait quand une voiture est en panne et qu'on se branche sur la batterie d'un autre véhicule.
S'il ne se passe absolument rien quand on veut démarrer mais qu'on se souvient d'une petite odeur de brûlé ou d'un tracas lors de la dernière utilisation du moteur, il est probable que le démarreur

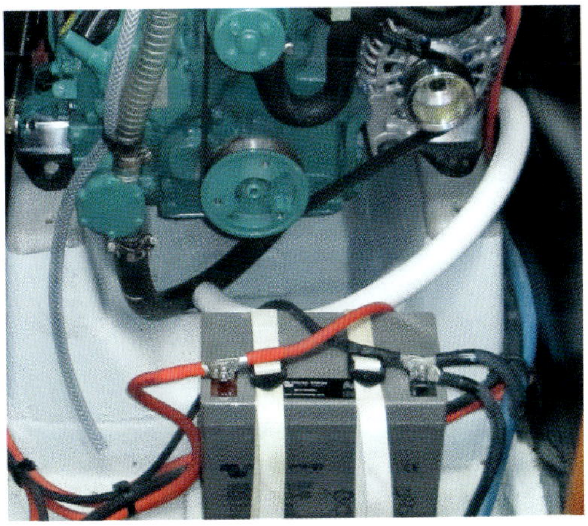

JEAN-YVES BEQUIGNON

L'état des cosses et leur serrage devraient systématiquement être vérifiés chaque semaine.

BON À SAVOIR

Le système D de Desjoyeaux.
Lors de son premier Vendée Globe victorieux, en 2000-2001, Michel Desjoyeaux avait grillé son démarreur. Il s'en était sorti en enroulant sur le volant du démarreur un cordage renvoyé en bout de bôme. En surbordant sa grand-voile puis en choquant brutalement, il arrivait à lancer le diesel, dont les injecteurs étaient légèrement dévissés au préalable pour réduire la compression.

soit grillé. Souvent parce que le système de démarrage à clé a pris l'humidité et que l'électrovanne de commande n'a pas reçu l'information de dégager le doigt du démarreur alors que le moteur tournait. Entraîné par le diesel, le démarreur chauffe et finit par rendre l'âme. Les systèmes les plus modernes ont remplacé la clé de démarrage par un bouton-poussoir étanche, pour pallier cet incident relativement classique.

À NE PAS FAIRE

Démarrer le moteur avec le chargeur de quai branché. La surtension risque de griller le faisceau électrique. Les bateaux les plus récents sont protégés de ce risque, mais dans le doute, il faut s'imposer de débrancher la ligne de quai avant de lancer le moteur. Cela évitera aussi d'appareiller avec le câble électrique toujours branché...

45 L'inverseur ne répond plus

Sur les bateaux qui passent entre de nombreuses mains, la manette de gaz et d'inverseur est fréquemment sollicitée, souvent avec rudesse. Il arrive que les câbles de transmission cassent et c'est toujours au mauvais moment : dans une manœuvre de port.

La même poignée commande deux câbles. L'un agit sur l'admission de gasoil et l'autre sur l'embrayage. L'un ou l'autre peut être défaillant, plus rarement les deux. Il arrive aussi que le problème vienne de la commande martyrisée.

S'il s'agit d'une rupture du câble de commande des gaz, ce n'est pas dramatique. Le moteur va normalement se mettre au ralenti sous l'effet du ressort qui ramène le «cran de pétrole» de la pompe d'injection au minimum, et on peut très bien finir la manœuvre comme cela. Si on a besoin d'un peu plus de gaz, on peut envoyer un équipier agir manuellement sur la pompe d'injection. Il faut être prudent car le moteur est chaud et que l'on risque de se brûler, mais aussi parce qu'on sera à proximité de la courroie d'entraînement qui n'est pas toujours protégée par un carter.

S'il s'agit du câble de commande de l'inverseur, c'est plus gênant. On aura forcément besoin, pour finir la manœuvre, de renverser le sens de marche, ou au minimum de débrayer. Il faut envoyer quelqu'un manœuvrer directement la manette de l'inverseur, derrière le blocmoteur, en général en passant par une trappe de visite dans une cabine arrière. L'idéal est de fonctionner à trois, avec dans

JEAN-YVES BEQUIGNON

Sur ce moteur, le câble des gaz est plus facilement accessible par l'arrière et on ne risque pas de se pencher au-dessus du moteur chaud.

la descente un équipier relayant les ordres du barreur à celui qui est en fond de cale. Lorsqu'on a littéralement la tête dans le moteur, on n'entend plus grand-chose des ordres venant du cockpit.
Cela reste un pis-aller et il faudra réparer dès l'accostage. En outre, le barreur doit prendre en compte un délai de réaction supplémentaire lié à la transmission de ses ordres, et anticiper une éventuelle erreur de manœuvre de celui qui a la main sur l'inverseur. Il est vivement conseillé de manœuvrer plus doucement qu'à l'habitude.

JEAN-YVES BEQUIGNON

Quand on actionne à la main l'inverseur, attention à l'arbre d'hélice qui tourne pas très loin.

JEAN-LOUIS GUÉRY

Vue en atelier, à l'Institut nautique de Bretagne, de la manette d'inverseur.

BON À SAVOIR

Pas de coup de pied sur la poignée de commande du moteur.
Aux Glénans, la cause de panne la plus fréquente dans ce registre est la chute d'un équipier sur la commande d'inverseur. Et sur les trente voiliers de croisière de la base de Concarneau, huit poignées de commande sont en moyenne changées chaque année. Rappelons que ces leviers se manœuvrent à la main et pas à coup de pied…

À FAIRE

Avant d'intervenir sur le moteur en marche, se débarrasser de tous ses vêtements amples ou colifichets susceptibles de se prendre dans les pièces en mouvements.

46 Le moteur **ne tourne pas rond**

Outre le refroidissement et la lubrification, le moteur a besoin pour fonctionner d'être alimenté en air et en carburant. S'il fume noir, s'il ne répond pas quand on donne des gaz, s'il broute, ou s'il cale alors que le réservoir de gazole est presque plein, c'est qu'il y a un problème dans l'alimentation en air ou en carburant, ou les deux à la fois.

Manque d'air et fumée noire

Une fumée noire traduit la présence d'imbrûlés dans les gaz d'échappement. Il n'y a pas eu assez d'air dans la chambre de combustion pour brûler tout le gazole injecté. Il en résulte des suies qui teintent la fumée. Si la prise d'air n'est pas obstruée, si l'air circule normalement dans la cale machine, le problème vient du filtre à air. Il faut le démonter, le nettoyer sur un Yanmar, le remplacer sur un Volvo, ce qui implique d'en avoir prévu un de rechange… Simple à faire et bien expliqué dans les manuels constructeurs.
Il arrive aussi que le moteur fume noir quand on accélère brutalement. C'est un ramonage du circuit d'échappement, le moteur s'est encrassé pour avoir trop longtemps tourné en sous-régime. Sans conséquences, donc.

Hoquets et bactéries

Si le circuit d'air est propre et que le moteur broute, le problème vient de l'alimentation en carburant et, dans le cas qui nous intéresse, de la présence dans le gazole de bactéries qui produisent des boues et bouchent le préfiltre à carburant (dit aussi filtre séparateur d'eau ou décanteur). La circulation du gazole en est perturbée, d'où les à-coups de fonctionnement du moteur.
On en a la certitude quand on change la cartouche du filtre décanteur – se munir d'un récipient et de tissu absorbant. Apparaît alors une sorte de gelée noire. Il est difficile de dire quand, où, comment cela a commencé. Ce qui est certain c'est que la présence d'eau dans le gazole favorise la prolifération

des micro-organismes. Les bactéries vivent dans l'eau qui leur fournit l'oxygène et se nourrissent du carbone du gazole. La moiteur des tropiques est redoutable en la matière, mais la contamination du gazole par des bactéries n'est pas exceptionnelle sous les latitudes tempérées.

La première chose à faire est de purger le filtre décanteur et de changer sa cartouche. Cela ne suffira pas à régler définitivement le problème car les bactéries que l'on retrouve dans le filtre se sont développées dans le réservoir. Cependant cela permettra de repartir pour quelque temps. Il faudra ensuite traiter le réservoir. Il existe des produits anti-bactéries qui permettent de décoller brutalement les pollutions fixées sur les parois. On les retrouvera immédiatement dans les filtres. Il faudra donc se munir d'un nombre suffisant de cartouches de filtre pour les changer au fur et à mesure qu'elles se colmatent. On nous a cité le cas – extrême – d'un propriétaire qui devait purger son filtre décanteur et changer la cartouche toutes les dix heures de marche.

Il n'y a pas de solution miracle, cependant la suppression totale des bactéries nécessitera un nettoyage complet du réservoir et du circuit. Mieux vaut prévenir que guérir : limiter la condensation au maximum en gardant son réservoir de gazole plein, surtout en cas d'arrêt prolongé au port.

JEAN-YVES BÉQUIGNON

Préfiltre séparateur d'eau. La vis de purge permet d'évacuer eau de condensation et impuretés, et la cartouche est changée lorsqu'elle s'encrasse.

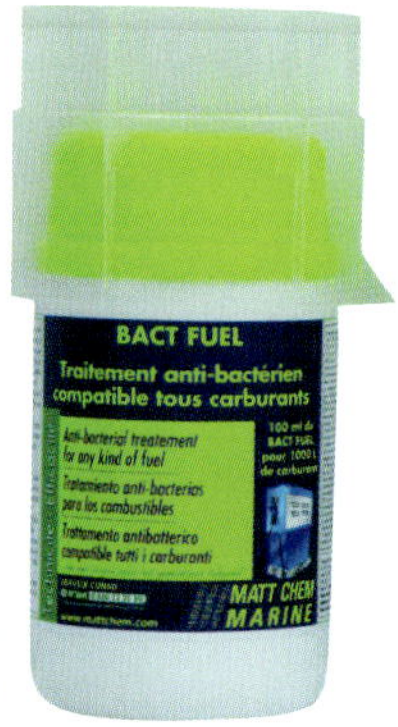

MATT CHEM

Un produit antibactérien, Bact Fuel de Matt Chem.

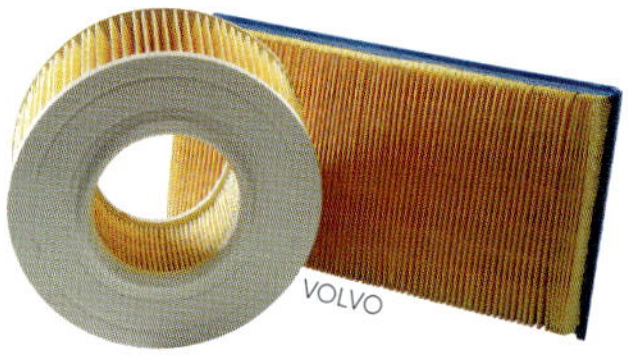

Eléments de filtre à air.

À FAIRE

Installer, si ce n'est déjà le cas, un filtre décanteur entre le réservoir de carburant et la pompe d'alimentation. Souvent considéré comme optionnel, cet accessoire est des plus utiles.

47 Le moteur **ne s'arrête plus**

Histoires vécues. A bord d'un voilier naviguant au moteur, un équipier enfilant son ciré dans la cabine arrière accroche par inadvertance le contacteur de la batterie moteur et bascule le levier en position «Off». Le skipper s'en aperçoit peu après et le referme. Quand il veut plus tard arrêter le moteur, le bouton «Stop» est inopérant…

Sur un autre voilier, après une manœuvre de port effectuée sous des trombes d'eau, on veut arrêter le moteur en appuyant sur le bouton «Stop» du panneau de commande placé à l'extérieur. Rien ne se produit. Dans le premier cas, le bouton d'arrêt du moteur a été rendu inopérant par une fausse manœuvre et, dans la seconde histoire, par l'humidité qui a pénétré dans le tableau de commande.

Ce qui est tentant

La tentation pourrait être de fermer la vanne en sortie de réservoir de gazole, pour arrêter le moteur par

Gros poussoir rouge, l'interrupteur d'arrêt d'urgence Yanmar est immédiatement identifiable et facilement accessible par l'arrière du moteur.

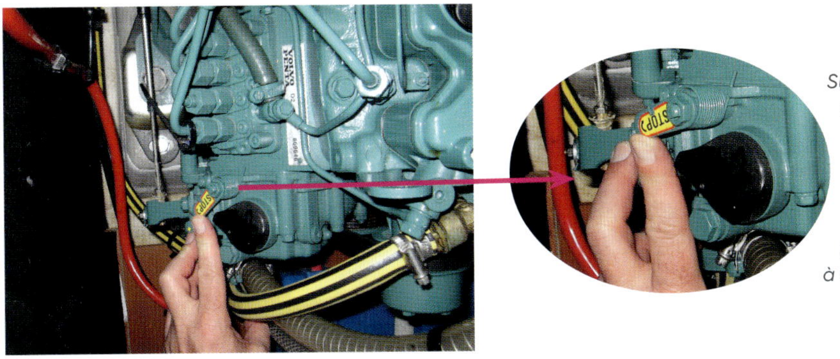

Sur ce Volvo, le bouton stop, peint en jaune, se trouve à proximité des tubulures d'alimentation des injecteurs, sur le côté gauche du bloc moteur lorsqu'on fait face à la courroie.

PHOTOS JEAN-YVES BÉQUIGNON

défaut de carburant. Ce n'est pas la bonne idée, car en procédant ainsi on reproduirait le schéma d'une panne sèche, avec l'obligation ultérieure de réamorcer le circuit de carburant. L'autre réflexe pourrait être de chercher à étouffer le moteur en obstruant la prise d'air, comme dans le cas où le moteur tourne en auto-combustion. Il n'est en fait pas nécessaire de recourir à cette manœuvre d'urgence, car les constructeurs ont prévu ce cas de figure du tableau de commande qui ne répond plus, et créé des dispositifs spécifiques, placés directement sur le moteur.

Ce qui marche

Chez Volvo, par exemple, ce dispositif est un levier placé sur le côté gauche du moteur lorsqu'on regarde la courroie (sur tribord du voilier par conséquent). Peint en jaune, marqué «STOP», il est dénommé «bouton d'arrêt auxiliaire» dans la documentation constructeur. Sur les moteurs Diesel Yanmar, son appellation est «interrupteur d'arrêt d'urgence». Il se présente comme un gros bouton-poussoir rouge, sur l'arrière du moteur, du côté gauche quand on fait face à la courroie, et il actionne un solénoïde d'arrêt. Ce bouton est a priori accessible par une trappe de visite sur l'arrière du bloc-moteur (depuis la cabine arrière tribord ou, selon la disposition des aménagements, depuis un compartiment toilette ou une soute). Quel que soit le constructeur ou l'appellation de ce bouton d'arrêt, sa manipulation suffit à couper le moteur. Cette intervention n'a aucune incidence sur le fonctionnement ultérieur du diesel, que l'on pourra redémarrer normalement par la suite.

À FAIRE

En découvrant un nouveau bateau, identifier le dispositif d'arrêt d'urgence en consultant la documentation constructeur, ou si celle-ci est absente, en faisant le tour de son moteur. Et on en profitera pour vérifier le niveau et le serrage des colliers!

À NE PAS FAIRE

Fermer le robinet du réservoir et créer une panne sèche qui nécessiterait de réamorcer.

Se dire qu'il suffit de couper le contact en tournant la clé : on risquerait d'endommager l'alternateur.

48 Du mou **dans la courroie**

Le klaxon d'alarme retentit, les voyants de charge batterie et de température sont allumés, l'eau de mer s'écoule normalement. Pas de doute, le problème vient de la courroie trapézoïdale. Elle entraîne à la fois la pompe de circulation du liquide de refroidissement et l'alternateur.
Normalement on ne devrait pas rencontrer ce genre d'incident, tout au moins ne pas être surpris s'il survient. La vérification de la tension de la courroie ainsi que son état font partie des contrôles avant démarrage au même titre que la prise de niveau d'huile et l'examen de la gatte moteur.

Vérifier la courroie

Quand la courroie est insuffisamment tendue, elle patine. La pompe de circulation du liquide de refroidissement ne débite plus assez pour refroidir le moteur et l'alternateur tourne trop lentement pour recharger les batteries. Quand elle est trop tendue, elle s'use plus rapidement et le roulement de la pompe du circuit fermé de refroidissement risque d'être endommagé par la force qui s'exerce perpendiculairement à son axe. Normalement, la courroie doit avoir une flèche de 10 millimètres quand on appuie avec le doigt entre deux poulies. Sur le même principe, un autre test consiste à lui imprimer un quart de tour en la pinçant entre le pouce et l'index. On en profite pour contrôler son état d'usure. Si elle s'effiloche ou présente d'autres traces d'usure, il faut la changer.

Régler la tension de courroie ou remplacer une courroie usée

Le réglage de la tension est parfaitement expliqué dans les manuels constructeurs. Il suffit de suivre à la lettre les instructions. Cela se joue du côté de l'alternateur. Le concepteur a prévu un point fixe et un point de pivotement réglable, c'est sur celui-là que l'on va intervenir pour régler la tension. La façon de faire diffère un peu suivant la marque mais le principe reste le même. Le changement de la courroie ne pose pas de problème, si on a pris la précaution d'en embarquer une de rechange... Chez Yanmar, la pompe à eau de mer est entraînée par une courroie distincte. En prévoir une supplémentaire.
Attention, une courroie neuve a tendance à se détendre. Il faut s'attendre à reprendre la tension après quelques heures de fonctionnement.

Réparation de fortune

Sans courroie de rechange, on peut tenter de se dépanner avec un moyen de fortune. Aux Glénans,

JEAN-YVES BEQUIGNON

Sur les Yanmar, il y a deux courroies, l'une trapézoïdale, qui entraîne la pompe eau douce et l'alternateur, et l'autre qui entraîne la pompe eau de mer.

JEAN-YVES BEQUIGNON

On mesure la flèche de la courroie en appuyant avec le doigt.

D.R.

Une réparation de fortune efficace sur un moteur Volvo avec du Dyneema : épissure bloquée, demi-clés, nœud d'arrêt, excédent de cordage coupé au ras et soigneusement brûlé. Notez le point de pivot et le point de réglage de l'alternateur.

a longtemps été colporté parmi les chefs de bord un vieux truc de garagiste, consistant à utiliser un collant de femme ou un bas de soie. Les soirées habillées étant assez rares pendant les stages, on ne pariera pas sur le fait qu'une stagiaire ait embarqué de quoi remplacer la courroie. Pour notre part, nous avons essayé avec du Dyneema. La première tentative s'est soldée par un échec car ce cordage est glissant. Un deuxième essai après reprise de la tension improvisée a donné satisfaction. Ce ne sera de toute façon que du provisoire.

À FAIRE
Toujours mettre la batterie moteur sur OFF avant d'entreprendre des travaux sur le moteur, surtout quand on met les doigts dans la courroie !

49 Le hors-bord est **tombé à l'eau**

Un classique! Presque routinier l'été sur les îles de Glénan, d'où les hors-bord passés à l'eau sont rapatriés à Concarneau tête en bas, dans une poubelle remplie d'eau douce. Si le moteur est tombé alors qu'il était arrêté, tant qu'il n'a pas été sorti de l'eau, l'air ne va pas l'oxyder et il est récupérable. En croisière, la mésaventure survient au moment d'installer le hors-bord de l'annexe sur le tableau arrière de celle-ci. A défaut de poubelle, on peut ramener le moteur à la traîne vers le prochain port. Un sac solide de supermarché, rempli d'eau et amarré sur le balcon arrière, peut aussi faire, sur une courte durée, office de bac à eau.

À FAIRE
Mettre un cordage d'assurance sur le moteur, suffisamment court, quand on le manipule pour le transférer sur l'annexe. Bien amarrer cette dernière parallèlement au voilier.

Pour la réparation, prendre des photos au fur et à mesure et poser les pièces de gauche à droite dans l'ordre du démontage.

Les gestes qui sauvent

→ Conserver la tête du moteur dans l'eau avant traitement.
→ Le rincer à grande eau (douce) le moment venu.
→ Retirer la bougie et chasser l'eau avec le lanceur.
→ Nettoyer la bougie.
→ Vidanger l'huile moteur (dans le cas où le moteur est un quatre temps).
→ Démonter le carburateur.
→ Nettoyer la cuve et les gicleurs du carburateur.
→ Remettre l'huile moteur (quatre temps) et la bougie, puis redémarrer.

Cela devrait marcher...

MAUD ATANANIUK

50 Le lanceur est **cassé**

A force de riper contre l'orifice de sortie du capot, la corde du lanceur finit par céder si on ne l'a pas changée à temps. Pas de panique. C'est tellement courant que les manuels des constructeurs traitent le cas et que des outils et un lanceur de secours sont éventuellement fournis.

Si la corde a cassé au niveau de la poignée

Il est facile de repasser la corde dans la poignée. Pierre Quatannens nous en a fait la démonstration et cela lui a pris trois minutes montre en main. Une fois le capot du moteur enlevé, trois vis permettent de déposer le dispositif de lancement. Il ne faut rien démonter d'autre car le puissant ressort qui sert à rembobiner la corde pourrait sortir de son logement. Il faut se munir d'une aiguille et de fil à surlier pour raccommoder le bout de lancement et lui faire retrouver son chemin au travers de la poignée. Cela réalisé, refaire le nœud et couper le messager. Remonter l'ensemble.

Si la corde a cassé en son milieu

C'est également prévu. Un bout de rechange est normalement fourni. A défaut, n'importe quel bout de 8 fera l'affaire. Après avoir déposé le dispositif de lancement normal, on fait un nœud à l'extrémité du bout de secours et on l'entoure autour de la poulie résiduelle qui présente une encoche dédiée à ce mode secours. On enroule le bout et on tire, à l'instar de ce qui se pratiquait à une époque avec les fameux hors-bord British Seagull.

À FAIRE

Mettre le moteur en compression en tournant le volant avant de tirer sur le lanceur improvisé.

FRÉDÉRIC AUGENDRE

La cordelette a beau être solide, le lanceur est un point d'usure à surveiller.

BOSCH
PSR 1-12
18900
DRIVREM
DRIVE BELT
YANMAR
IMPELLER LUBRICANT
Users manual
300 mm / 12" 32 TPI
STAY AFLOAT
INSTANT LEAK PLUG & SEALANT
Sika

5 LES ESSENTIELS

LAURENT CHARPENTIER

Le matériel à embarquer

Par Jean-Baptiste Ternon et Frédéric Augendre. Photos Laurent Charpentier.

Non, ce n'est pas un inventaire à la Prévert, juste la panoplie minimale de qui souhaite s'assurer de son autonomie.

Le matériel à embarquer

La cause est entendue : on ne s'embarque pas pour une croisière sans avoir fait l'inventaire de son matériel de sécurité et sans s'être constitué une caisse à outils digne de ce nom. Cela ne suffit pourtant pas encore tout à fait. Se donner les clés de l'autonomie à bord, c'est se munir des moyens de parer en mer ou au mouillage aux soucis, pannes et avaries susceptibles de survenir à tout moment. Sans les équipements recensés dans les pages suivantes, nous n'aurions pu faire face aux cinquante problèmes listés dans cet ouvrage de *Voiles et Voiliers*.
De la simplification des manœuvres à l'entretien du moteur, en passant par le traitement des voies d'eau et les réparations des voiles, nous vous proposons ce petit inventaire du matériel qu'on ne regrettera pas d'avoir en permanence à bord.

Dyneema et nécessaire à épissures

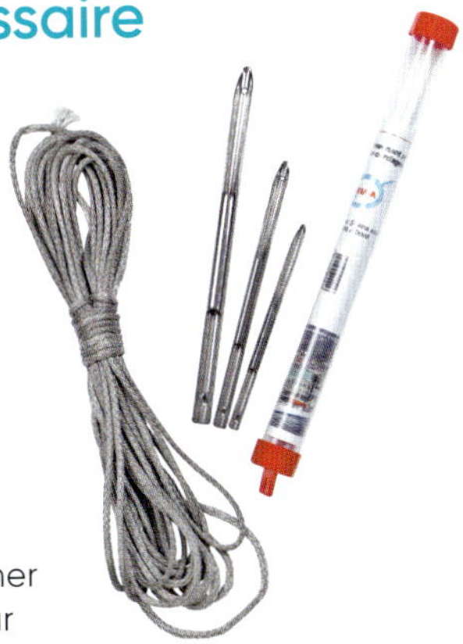

La fibre Dyneema est aussi résistante que l'acier, une tresse de 4 millimètres tient jusqu'à 1,2 tonne de traction avant rupture. Très facile à mettre en œuvre, elle permet de réaliser des brêlages, de remplacer un ridoir défaillant, de confectionner différents types d'accroches sur le pont comme dans le gréement, et de réaliser ses manilles textile à la demande. Hormis les demi-clés serrant un transfilage, proscrire les nœuds type nœud de chaise qui affaiblissent le cordage, et préférer des épissures, réalisées comme les manilles textile au moyen d'une aiguille creuse. Le kit d'aiguilles Selma présenté ici s'accompagne d'une notice rappelant la technique pour les principaux types d'épissures, sur cordages tressés aussi bien que toronnés.

Chalumeau de matelotage

Avec un briquet-chalumeau, plus de souci pour brûler l'extrémité d'un cordage ou d'une sangle, même en plein vent. Pour quelques euros dans les débits de tabac, grandes surfaces et autres points de vente.

Le plastique, c'est fantastique

Avec les manilles plastique à visser ou «à frapper» (il suffit dans la réalité de les clipser à la pince), le remplacement d'un coulisseau de grand-voile (coulisseau de têtière excepté) pourrait se faire les yeux fermés.

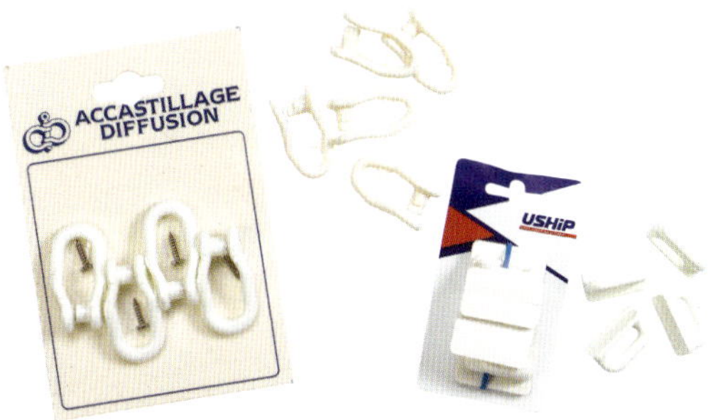

Paumelle et alêne

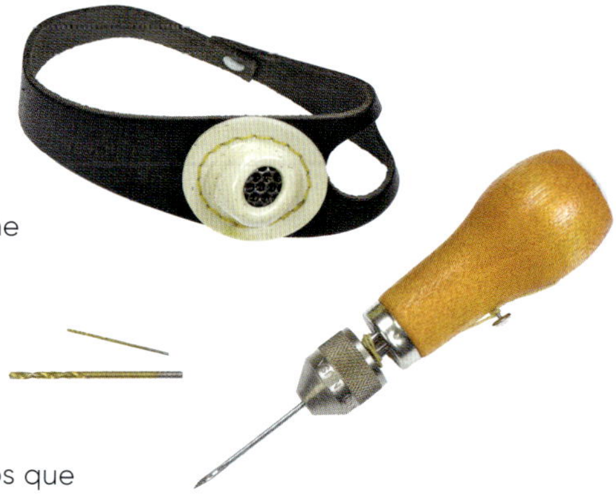

Pas la peine d'imaginer coudre sur une voile ou un taud sans paumelle. Une paumelle digne de ce nom est équipée d'un dé orienté en biais, dans l'axe de la poussée de l'aiguille, et non perpendiculairement à la paume de la main. Attention, les modèles pour droitier ne conviennent pas aux gauchers. Lorsqu'il faut traverser plusieurs épaisseurs de tissu, par exemple sur un renfort de point d'écoute, il s'avère indispensable de percer des avant-trous au moyen d'une alêne (ou poinçon) de voilier. Venue des Etats-Unis, la Speedy Stitcher est un gadget surprenant, qui peut jouer le rôle d'alêne classique, mais aussi passer le fil en même temps que le poinçon, et permet de réaliser facilement une couture en point droit. A défaut d'alêne, un foret très fin sur une perceuse fait aussi l'affaire.

Scotch double face

Les voileries font un grand usage du double face, pour prépositionner les éléments à assembler (laizes de tissu, galons, sangles) avant passage sous la machine à coudre. On se facilitera grandement la tâche avec cette méthode, au moment par exemple de reconstruire un point d'écoute avec des sangles. Se procurer du double face de voilerie au détail n'est pas chose aisée, mais n'importe quel scotch double face très fin, vendu en papeterie ou dans les magasins de bricolage dépannera sans problème.

Kit de couture

Aiguilles triangulaires de différentes tailles, fil à voilerie et pain de wax pour cirer le fil avant couture.

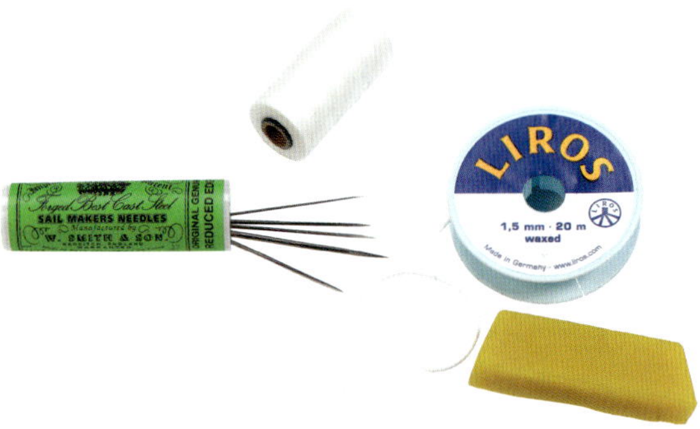

Sangle polyester

En fond de trousse de voilerie prendront place quelques mètres de sangle polyester, de différentes largeurs selon qu'on ait besoin de réparer un point d'écoute ou de remettre en place un coulisseau de têtière de grand-voile. Pas simple de se procurer la sangle tubulaire, plus résistante, utilisée par les professionnels. On se rabattra sur de la sangle plate vendue au mètre, ou une fois encore on se tournera vers son maître voilier. Constituer sa trousse sur ses conseils est d'ailleurs une très bonne idée. Certaines enseignes proposent des trousses de voilerie à la composition préétablie. Ne pas hésiter à faire son marché et à comparer les offres.

Bois d'arbre

Elles ne figurent plus dans la liste du matériel d'armement obligatoire, mais il faudrait être fou pour s'en passer. Les pinoches en bois restent le meilleur moyen d'obturer une vanne ou un passe-coque rompu. Elles sont vendues par assortiment, et il faudra peut-être en acheter plusieurs pour disposer de l'échantillon correspondant précisément à toutes les vannes du bateau.

Perceuse sur accus

Non seulement c'est bien pratique pour bricoler au port sans avoir à traîner une alimentation en 220 volts sur le pont, mais lorsqu'il faut percer quelque chose en mer, laperceuse autonome alimentée par accus est la seule solution. Indispensable, notamment, pour percer un panneau ou un plancher destiné à confectionner un gouvernail de fortune. A moins de cultiver la nostalgie des bonnes vieilles chignoles à main... Prévoir des forets de bon diamètre, légèrement supérieur à celui des cordages à faire passer dans les trous.

Poulies ouvrantes

Grosse, petite, spécialisée et dédiée à des diamètres précis de cordage ou au contraire ultra-polyvalente, à fixation par mousqueton ou par erseau de Dyneema... il en faut au moins une à bord. Une poulie ouvrante permet de gréer une écoute de secours ou de manœuvre, de bosser sur un cordage bloqué, de dévier une aussière pour qu'elle revienne au bon angle sur le winch, d'improviser un réa de drisse sur un gréement de fortune. La liste n'est pas exhaustive.

Insignia et scotch à spi

Avec les tissus autocollants en placards ou en rouleaux, les réparations des accrocs et déchirures dans les voiles sont un jeu d'enfant. Autant le scotch à spi se trouve dans les rayons de tous les shipchandlers, autant il est difficile de se procurer du Dacron autocollant (ou Insignia) dans le commerce. Le plus simple est de se rapprocher de son maître voilier pour lui en commander un panneau de bonnes dimensions, qu'on stockera roulé, à l'abri de la lumière et de l'humidité. Des matériaux autocollants spécifiques existent aussi pour les voiles dites « à membranes » constituées d'un film renforcé de fibres orientées.

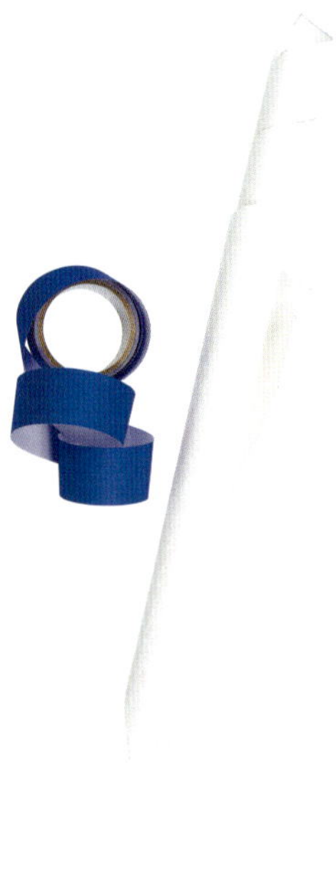

Scie à métaux

Expérience et témoignages à l'appui, lorsqu'il s'agit après un démâtage de couper le gréement dormant, la scie à métaux s'avère beaucoup plus efficace que la plupart des pinces à haubans. Prévoir des lames de bonne qualité en nombre, stocker scie et lames à l'abri de l'humidité. On pourra éventuellement déposer un tout petit peu de lubrifiant sur les lames pour les protéger de l'oxydation. Les scotcher sur le corps de la scie permettra de les avoir immédiatement sous la main et leur évitera de filer dans un interstice au fond d'un coffre.

Kit de réparation moteur

Une courroie qui défaille, une pale qui cède sur le rouet de pompe à eau, et le moteur est hors service. Ces éléments étant du genre à lâcher sans préavis, mieux vaut avoir le nécessaire sous la main. Chez Yanmar, les courroies sont au nombre de deux, l'une entraînant l'alternateur et l'autre la pompe de refroidissement. Changer le joint torique d'étanchéité lors du remplacement du rouet de pompe n'est pas toujours indispensable s'il est encore en bon état, mais il serait dommage de faire l'impasse sur ce petit accessoire. Chez Volvo, il s'agit d'un joint plat et la sangle est unique, vérifier le modèle. Quel que soit le constructeur, s'assurer que le kit comporte bien la petite dose de lubrifiant nécessaire à la mise en place du rouet.

Techniques de montagne

Deux anneaux de cordelette, et deux mousquetons rapides d'escalade. Le principe est tout droit issu de l'univers de la grimpe et de la pratique des nœuds autobloquants sécurisant les assurages et les descentes en rappel. Ce matériel très simple et peu onéreux offre des solutions de dépannage immédiates et prêtes à l'emploi pour bosser un cordage, et surtout une chaîne de mouillage.

Prise en milieu humide

De tous les produits que nous avons testés pour l'étanchement d'une brèche dans la coque, le Stay Afloat est le plus efficace. Autre approche (si la zone environnant la voie d'eau est suffisamment plane et dégagée), la fixation d'une contre-plaque semi-rigide avec une colle-mastic Sikaflex (291i ou 295 UV), qui prend sous l'eau.

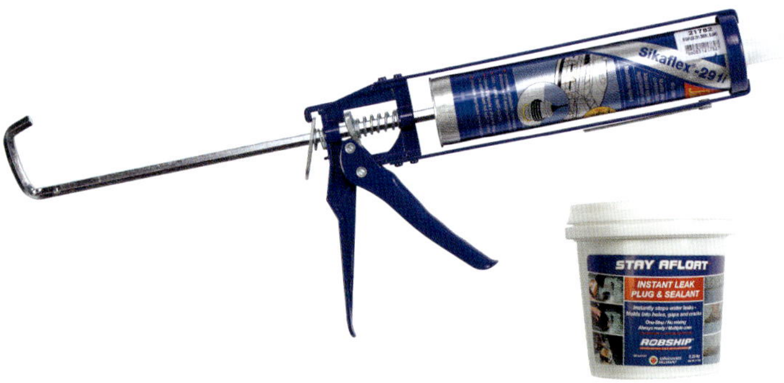